만   미   터   하늘   위에서   배운   인생의   기술   스튜어디스 비밀노트

스튜어디스 비밀노트

만 미터 하늘 위에서 배운 인생의 기술

정진희 외 지음

씨네21북스

Prologue

또각 또각 또각……

일정한 간격을 두고 걸어가는 무리들 중에서, 비행 십 년 차인 내 걸음은 그다지 경쾌하지도 단정하지도 않다.

텅 비어버린 머릿속! 그저 습관처럼 기내에 오르고, 탑승을 위한 준비를 한다.

탑승교 저편에서 밀려오는 사람들이 마치 거대한 파도처럼 부담과 두려움으로 다가오고, 절대로 꼬투리를 잡히지 않으려고 전전긍긍하는 사이 비행기는 구름을 뚫고 하늘로 치솟는다.

윙윙거리는 오븐의 소음도 그저 무심한 일상처럼 아무렇지도 않다. 단골손님 하나 없는 분주한 터미널 옆의 밥집아줌마마냥 식사카트를 준비하여 캐빈으로 나간다. 수십 명의 사람들에게 기계처럼 똑 같은 말을 되풀이하면서 속으로는, '시애틀에서의 긴긴 밤을 또 어떻게 견딜까?' '다시 서울로 가기까지 4일. 이러다 금세 일주일, 일년이 가버리겠지. 정말 의미 없이, 허망하게 젊음이 가는구나.' 등의 온갖 상념들을 되뇌인다.

그랬다. 그때였던 것 같다.

남은 비행시간을 어찌 견딜까 하는 갑갑한 생각에 멍하니 서 있을 때 어떤 노인이 내게 말을 걸어왔다. 이런저런 이야기를 나누다 보니, 그 분은 알만한 사람은 다 아는 꽤 유명한 의사선생님이었다.

"선생님은 참 좋겠어요. 존경과 부러움을 받는 의사로서 성공하셨으니까요. 또한 보람 있고 가치 있는 일을 해 오셨잖아요. 선생님께서는 참 행복한 직업을 가지셨습니다."

그런데 그분께서 대뜸 그러셨다.

"아니, 뭐가 부럽습니까? 나는 댁이 천배, 만배 부럽습니다."

아니! 도대체 무슨 말씀이란 말인가? 성공한 의사가 나 같은 승무원을 부럽다고 하시다니…….

"저는 평생 아픈 사람들만 보고 살았습니다. 몸이 아프면 마음도 아프다지요. 늘 건강하지 못한 사람만 대하는 나 같은 직업이 뭐가 좋습니까?

당신의 직업이 얼마나 멋집니까? 여행의 즐거움으로 들뜬 사람들, 미지의 세계에 대한 동경이 가득 찬 사람들, 그리운 사람들을 만날 벅찬 기대를 가진 사람들만 만나지 않습니까?

비행기를 타면 여러 가지 일이 많죠? 얼마나 좋습니까? 매번 다른 다양한 사람들을 만나니까요. 저같이 하루 종일 의자에 앉아 똑 같은 일을 반복하는 사람은 절대로 경험할 수 없지요. 더군다나 미지의 세계를 맘껏 경험해볼 수 있으니 얼마나 열정적이고 유동적인 삶입니까?
 제가 부럽다고요? 만약, 신께서 지금 당장 직업을 선택할 기회를 주신다면 저는 기꺼이 이 의사가운을 벗고 대신 유니폼을 입겠습니다."

 아! 흐릿하고 멍한 상태에서 무엇인가에 얻어맞고 비로소 정신이 번쩍 든 듯한 기분이 들었다.
 나의 지극히 비뚤어지고 무심하고 마비되었던 마음의 창이 그 의사 선생님의 말 한마디로 확 바뀐 듯했다.
 마음의 창에 갑자기 환한 햇살이 비치기 시작함을 느꼈다. 갑자기 모든 게 새롭고 소중해졌다. 이쪽저쪽에서 애타게 나를 찾는 사람들의 아우성. 그들이 나를 필요로 하고 있다는 현실이 순간 감사함으로 다가왔다.
 그래. 이 얼마나 멋진 일인가?
 하얗고 푹신푹신한 구름 위에 펼쳐지는 기대와 그리움과 즐거움과 추억들 그리고 예기치 못한 감동을 경험할 수 있는 멋진 나의 일터!
 한마디 말로 나를 깨우쳐주신 의사선생님. 따뜻한 카모마일차를 우려내어 조심스럽게 그분께 다가간다.

그로부터 또 몇 년이 지난 지금.

나는 그때를 떠올리면 하나님이 나를 위해 잠시 다녀갔던 게 아니었나 하는 생각이 든다. 힘들어하고 있었던 나에게 의사선생님의 몸을 빌려 격려와 희망을 주시려고 말이다.

여기, 나와 내 동료들이 경험한 즐겁고, 애틋하고, 슬프고, 감동이 있는 이야기를 소개하려고 한다.

비행기가 비상하기를 멈추고 목적지를 향해 안전하게 순항하는, 몇 시간에서 길게는 열 시간이 넘는 동안 벌어지는 수많은 이야기들 속에 우리가 있다.

여전히 비행을 사랑하고, 여전히 비행을 하고 있는……

같이 원고 작업을 진행한 7명의 동료들은 물론 힘을 주신 신정환, 구자준, 안효경님께도 진심으로 감사의 마음을 전한다.

2009년 9월 15일
정 진 희

_Prologue 4

Chapter 1 비행에 관해 Fly to the sky

_ 난기류에 대처하는 우리의 자세 13
_ 당신이 비행기에서 살아남기 위해 알아야 할 몇 가지 16
_ 당신이 기내식을 먹기까지 20
_ 기내에는 요리사가 없다? 25
_ 슬라이드 노이로제 30
_ 도쿄행 비행기를 띄워라! 60분간의 특급작전 35
_ 갤리에는 우렁각시가 산다? 38

Chapter 2 여행에 관해 Travel affair

_ 그곳에는 뭔가 특별한 냄새가 있다 45
_ 월남 쌈, 팬케이크 그리고 수끼 48
_ 지구를 한바퀴 돌다, 서울-밴쿠버-상파울로-두바이 찍고 54
_ 뉴스의 중심에 서서 60
_ 세계를 여행하는 우리들만의 필수 아이템 62
_ 타슈켄트에서 체리로 관장을 하다 66
_ 프랑크푸르트에서 즐기는 가을 산책 68
_ 푸껫에서 만난 쓰나미 72
_ 승무원이 추천하는 이런 곳 어때요? 81

Chapter 3 생활에 관해 Life affair

_ 승무원식 이미지 메이킹 89
_ 열심히 일한 당신, 쉬어라! 94
_ 우리 언제 또 만날까요? 99
_ 어느 프랑스 퍼서의 마지막 비행 102
_ 그녀들의 못 말리는 웰빙사랑 105
_ 만 미터 하늘 위의 움직이는 사무실? 107
_ 휴가 전쟁이 시작되다 111
_ 승무원 공식지정 물품 115
_ 기내는 건조주의보 발령 중 118
_ 초짜 새내기의 벙크 침대 탈취사건 122
_ 유니폼에 대한 우리의 로망 126

에피소드 1 비행 일기 129
에피소드 2 비행 상식 156
에피소드 3 승무원 이야기 164

Chapter 4 만남에 관해 Close encounter

_그리운 빨간 모자 손님들 187
_내가 만난 최고의 플래티넘 마일러 190
_귀신님, 요금은 내셨나요? 195
_환자가 생겼어요 199
_중국 파리냐? 한국 파리냐? 203
_그때 그 신혼부부는 잘 살고 있을까? 206
_어느 전쟁영웅 할아버지 211
_한 불법체류자 남편의 눈물 214

Chapter 5 직업에 관해 Business affair

_프로는 그냥 탄생하지 않는다 219
_그녀는 왜 아름다운가 223
_동료에게 먼저 마음을 여는 방법 226
_진심을 다한 서비스가 최고의 손님을 만든다 229
_시간 죽이기? No! 자신만의 시간을 온전히 누려라 232
_다시 못볼 것처럼 최선을 다하라 236
_웃음은 슬픔을 치유한다 239
_승무원에 대한 일반적인 편견 242
_서비스도 진화한다 247
_'진상' 손님은 우리를 단련시킨다 249
_눈치 100단 재치 100단, 합이 승무원 255

Chapter 6 일상에 관해 Daily affair

_LA의 잠 못 드는 밤 261
_내가 사랑하는 것들 265
_2050년, 이런 비행을 꿈꾸시나요? 267
_우리 엄마는 승무원이에요 270
_승무원 딸을 둔 어느 엄마의 일기 274
_강남 벤처 사업가들과의 미팅 277
_사랑을 실어나르는 로맨틱한 에어라인 279
_어느 운수좋은 날 282

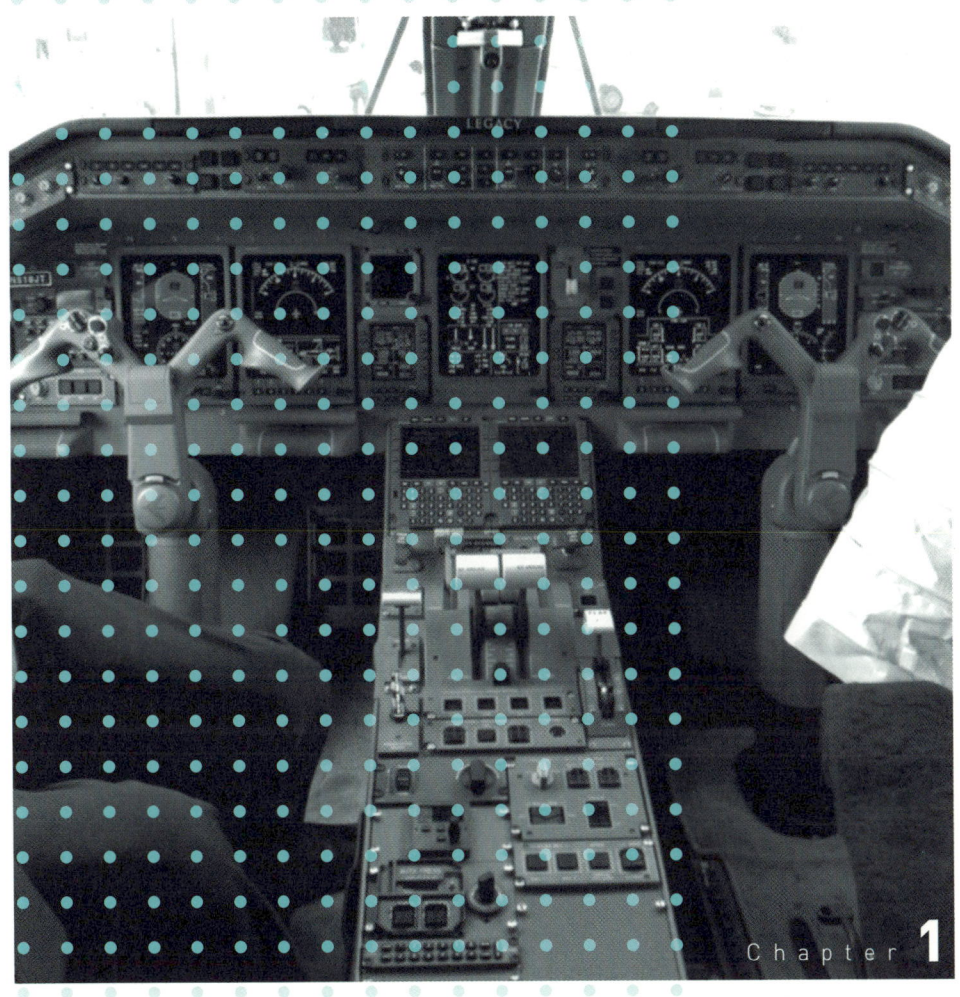

Chapter 1

비행에 관해

Fly to the sky

난기류에 대처하는 우리의 자세

"여러분, 지금 비행기는 난기류 지역을 통과하고 있습니다. 벨트를 매는 건 자유지만, 안 맬 경우 앞좌석에 부딪쳐 여러분의 무릎이 깨질 수도 있고, 천장에 머리가 부딪칠 수 있으니 알아서 하십시오."

수년 전 실제로 모 항공사에서 이런 기내 방송이 나갔단다. 우스갯소리로 넘어갈 얘기지만, 비행기를 타본 사람이라면 한 번쯤 비행기가 흔들려 불안해한 적이 있을 것이다. 많은 사람들이 비행기가 흔들리면 정말 무섭다고들 한다. 그렇다면 날이면 날마다 비행기에 탑승하는 승무원의 경우는? 정답은 '매번 무섭다'이다.

하루에도 수십 번 일어나는 자동차 사고! 똑같은 사고가 일어나도 어떤 이는 경미한 부상으로 그치지만 어떤 이는 중상을 입는다. 그렇다. 어린아이도 아는 단순한 해답, 안전벨트 덕분이다. 비행기 안에서도 마찬가지다. 사실 비행기는 자동차보다 훨씬 더 안전하다. 아무리 강한 난기류를 만나도 좌석벨트만 매고 있으면, 정말 아무런 문제도 없다.

간혹 항공여행을 자주 하는 여행객 중 이런 사람이 있다. 일반석의 세 좌석을 침대 삼아 편안히 누워서 여행을 하다 난기류를 만난다. 승무원이 다가가 좌석벨트를 매라고 권유하면 누워 있으니 괜찮다, 누운 채로 맸으니 됐다고 대답한다.

어린아이와 함께 여행하는 부모는 종종 아이를 눕혀놓는데, 앉혀야 한다면 난색을 표하며 "아이가 자고 있는데 어떻게 깨워요? 깨우면 울고불고 난리예요. 책임질 거예요?"라고 항의한다. 그래도 어쩔 수 없다. 정말 아이를 사랑한다면 반드시 앉혀서 벨트를 매게 해야 한다.

물론 아무 일 없이 넘어갈 수도 있지만 자칫 잘못하면 돌이킬 수 없는 부상을 당할 수도 있다. 에어포켓 같은 난류를 만나 비행기가 갑자기 100m 정도 아래로 수직 하강하면 어떻게 될까? 벨트를 매지 않았다면 몸이 붕 떠서 비행기 천장에 부딪쳤다 중력에 의해 세게 떨어져 부상을 당할 수 있다.

그러나 너무 걱정 마시라. 대부분의 기체요동은 예측이 가능하고, 조종실과 승무원 간의 커뮤니케이션 또한 신속하고 정확하다. 미리 정한 사인에 의해 좌석벨트 알람이 '띵' 하고 울리면, 이때부터는 직급에 따른 방송담당의 룰이 바로 무시된다. 그냥 기내방송 마이크에 가장 가까이 있는 승무원이 즉각 마이크를 들고 방송을 시작한다. 그럼 그 방송이 바로 명령어가 되어 모든 승무원은 일제히 탑승객의 좌석벨트 착용 상태와 기내 상황을 살피고, 승무원이 일하는 공간인 갤리의 안전성도 확보한다. 단 몇 초 만에 상황이 마무리되면 승무원도 가까운 좌석에 앉아 벨트를 매고는 다음 지시를 기다린다.

만약 비행기를 타고 가다 승무원이 모든 서비스를 중단하고 조용히 좌석에 앉아서 벨트를 매면 긴장하시라. 귀찮아서, 뭐 별일 있으려고, 하는 안일함으로 벨트를 매지 않았더라도 그 순간이 되면 바로 벨트를 착용해야 한다. 아마도 강도가 엄청난 기체요동이 예보되었을 테니 말이다.

비행기가 마구마구 흔들리고 있는데 승무원 호출 버튼이 울리는 경우도 있다. 얼마나 심각한 상황인지는 모르지만 그럴 때에는 승무원도 움직이기 힘들다. 아니, 규정이 그렇다. 항공여행의 안전은 탑승객뿐만 아니라 승무원에게도 해당되는 것이기 때문이다. 비행기가 흔들리면 왜 위험한지, 그때 벨트를 매고 안 매고의 차이가 얼마나 큰지를 잘 알기에 승무원은 좌석벨트 사인에 매우 민감하다.

안전하게 항공여행을 즐기기 위해 지켜야 할 가장 중요한 수칙! 좌석벨트 사인을 결코 가벼이 보지 말라! 좌석벨트 사인이 꺼져 있다면 기내 이곳저곳 돌아다니며 가벼운 운동을 하거나 스트레칭을 해도 좋다. 지루함도 훨씬 덜 수 있을 것이다. 그러다 사인이 켜지고 승무원의 안내방송이 나오면 즉각 좌석으로 돌아가 좌석벨트를 꼼꼼히 착용한다. 그거면 된다. 그리고 그것이야말로 탑승객의 유일한 의무이다.

당신이 비행기에서 살아남기 위해 알아야 할 몇 가지

"순간 가슴이 조여오고 숨이 제대로 쉬어지지 않는 거야. 머리가 핑 돌면서 절망감에 휩싸이고……. 정말 어디론가 뛰어내리고 싶었어."

한 친구가 미국 출장을 다녀온 뒤 했던 말이다. 실제로 주변의 많은 사람이 이렇게 말한다.

"나는 비행기 몇 번 안 타봤어도 장거리 여행이 두려워. 그런데 어떻게 날마다 비행기를 타? 힘들겠다."

"비행기 안에서 계속 서 있으려면 너무 힘들겠다. 나는 앉아서도 힘든데……."

이런 반응은 어쩌면 당연하다. 우리도 가끔 평상복을 입고 손님 자격으로 좌석에 앉아서 목적지까지 가는 경우가 있다. 돌아오는 편에서 근무해야 하거나 휴식시간이 필요할 때가 그렇다.

처음에는 '차라리 일을 하는 게 낫지. 손님으로 타는 건 너무 힘들

Chapter 1
비행에 관해

어.' 하며 퉁퉁 부은 발목을 마사지하곤 했다. 하지만 이렇게 손님 자격으로 가는 비행이 많지 않아서인지 항공여행을 즐기는 법을 터득하기 시작했다. 심지어 손님으로 가는 비행 스케줄이 나오면 무척 설레기까지 한다.

'열두 시간 동안 계획을 잘 짜야 할 텐데. 뭘 하지? 영화는 몇 편이나 볼까?'

그러다 보면 열 몇 시간이 냉큼 흘러가서 아쉽기까지 한다. 주변 사람들은 이런 반응에 "천직이다, 천직이야."라고 말하지만, 피할 수 없으면 즐기라는 옛말이 있듯이 어차피 가야 할 거라면 즐기는 게 좋지 않을까?

자, 그렇다면 지금까지 나의 비행 노하우를 총동원하여 '비행기에서 살아남기' 비법을 전수해보겠다.

여행 전 준비해야 할 사항

1. 급히 처리해야 할 일거리(예: 회사에 제출할 리포트, 밀린 다이어리 정리, 뜨개질 마무리, 낼모레 있을 토익 시험 준비, 여행 가이드북)
2. 피곤하여 잠이 부족한 상태 만들기
3. 100% 충전한 PMP, 게임기, 컴퓨터, MP3 플레이어 등
4. 앞이 트인 슬리퍼, 워터 스프레이, 마스크팩
5. 옷은 최대한 얇고 편하게 여러 겹을 겹쳐 입기
6. 작은 생수 한 병과 배부르지 않으면서도 심심함을 달랠 간단한 간식거리

체크인 카운터에서 해결해야 할 일

1. 가급적 빨리 공항에 도착해 앞이 트인 좌석이나 복도 쪽 좌석을 달라고 부탁하기
2. 간단한 캐리어 가방 한 개를 제외하고 모든 짐은 화물로 부치기
3. 가져가지 않아도 될 물건이나 옷을 보관할 수 있는 서비스가 있는지 문의하기

자, 모든 준비가 끝났으면 즐겁고 편안한 마음으로 비행기에 탑승한다. 식사를 마치고 기내조명이 꺼지면 어떤 것부터 할까 고민해보자. 조용히 눈을 감고 있으면 거짓말처럼 마음이 편해지면서 잠이 스르르 올 것이다. 실제로 많은 손님이 식사 후에 잠을 청한다. 까다로운 탑승 절차를 거친 데다 배도 부르니 말이다. 또한 엔진의 소음은 일정한 데시벨로 우리 귀를 마비시키며, 기내조명은 어둡고 침침하다.

잠시 자고 일어나면 이제 본격적으로 즐길 준비를 해보자. 발이 붓는 것을 예방하기 위해 선반에 있는 캐리어 가방을 꺼내어 좌석 앞에 놓는다. 그 위에 발을 얹으면 한결 다리가 시원해진다. 준비해 갔던 실내화는 발을 더욱 편하게 해준다. 기내 온도에 따라 옷을 껴입거나 벗거나 하여 체온을 조절한다.

미리 사온 생수병의 물을 다 마신 상태라면 승무원을 호출해서 물을 가득 채워달라고 부탁한다. 물론 요청하면 언제든지 플라스틱 컵에 시원한 생수를 가져다주지만, 조금씩 나눠 마시기가 불편하고 보관도 용이하지 않다. 상위클래스에서는 작은 생수를 서비스 할 때도 있지만 이코노미석에서는 제공되지 않으니 이럴 때 생수병은 매우 요긴한 존재다. 생수는 가급적 자주 마신다. 아무래도 기내는 많이 건조하기 때문

Chapter 1
비행에 관해

이다. 워터 스프레이로 건조해진 얼굴을 적셔주면 한결 산뜻해진다.

자, 지금부터 기내지를 펼쳐 들고 보고 싶은 영화가 있는지 확인한다. 마침 보고 싶었는데 놓친 좋은 영화가 있다면 칵테일 한 잔을 시켜놓고 영화를 감상한다. 참! 출장에서 돌아오면 바로 제출해야 할 리포트가 있지! 노트북을 펼쳐 들고 리포트 작성에 몰두한다. 노트북은 충전 후 두세 시간은 거뜬히 쓸 수 있으니 시간은 충분하다.

오랫동안 좌석에 앉아 있어서 몸이 뻐근하다면 뒤편으로 가서 간단한 스트레칭을 해본다. 근무 중인 승무원에게 이런저런 여행지 정보도 얻는다면 금상첨화!

모든 일이 마찬가지겠지만, 비행도 생각하기 나름이다. 지루하다, 답답하다고만 생각하면 정말이지 좁디좁은 만석의 여행은 불쾌함 그 자체이다. 하지만 제한된 공간에 오랜 시간 앉아 있는 것을, 혼자만의 조용한 시간을 즐길 기회라고 생각하자. 넓은 세상에서 맘껏 활동했던 몸을 잠시 쉬어보자. 바른 자세로 앉아서 할 수 있는 일은 얼마든지 있다. 영화 보기, 독서, 글이나 메모 쓰기, 사색하기 등.

자리로 돌아오니 남은 비행시간은 겨우 두 시간 남짓! 식사도 해야 하고, 아직 리포트도 다 처리 못했고, PMP는 열어보지도 않았는데 벌써 도착이라니……. 자, 어떤가? 이제 장거리 여행을 즐길 준비가 되었는가? 여행 경험이 많아질수록 당신은 빠져들게 될 것이다. 좁은 35인치의 공간의 매력에!

당신이 기내식을 먹기까지

전 세계 항공사는 기내식 개선을 위해 치열하게 노력한다. 기내식이 등장한 것은 1919년이다. 유럽 내 항공노선에서 스낵을 종이상자에 담아 제공한 것이 시작이었다고 하니 기내식의 역사도 어언 90년이 된 셈이다.

처음에는 그저 운송수단에 지나지 않았던 비행기가 세월이 지남에 따라 여행의 일부로 자리 잡으면서 서비스와 엔터테인먼트가 지속적으로 개발되었고, 이제는 항공사 간의 경쟁에서 가장 큰 비중을 차지하는 항목이 되었다.

기내식의 종류도 수십 가지여서, 항공사에서 임의로 정한 메뉴 이외에 손님이 원하는 음식을 직접 신청하는 특별식도 있다. 종교나 건강상의 이유로 인해 특정 음식을 먹을 수 없는 사람이나, 어린아이·유아를 위한 특별식이 대표적인 예이다. 최근에는 웰빙 코드에 맞춘 한식 기내식, 여성을 위한 다이어트 기내식 등이 다양하게 개발되고 있다.

001

예약된 손님의 수에 따라 반 냉동상태로 기내에 실리면, 승무원은 식사시간에 맞춰 150도 이상의 뜨거운 오븐에서 25분쯤 데운다. 따끈따끈한 메인요리가 완성된 뒤 커다란 장갑을 끼고, 카트 안에 메인요리를 하나씩 끼워 넣어 세팅을 한다. 그러고는 각종 음료와 함께 승객에게 제공하는 것이다.

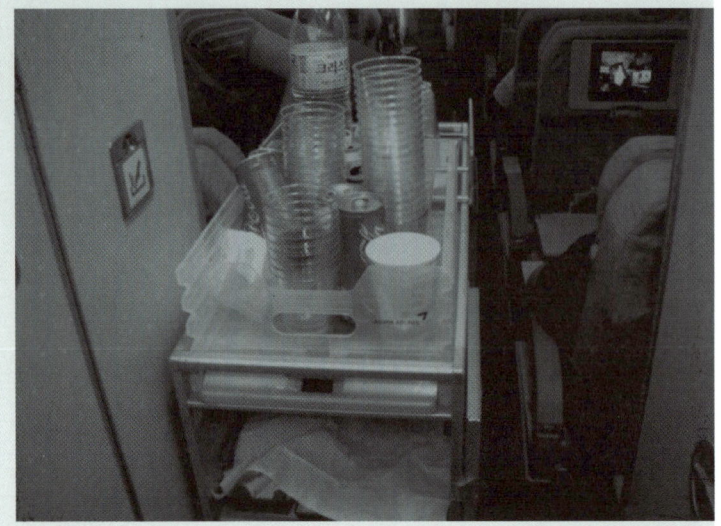

Chapter 1
비행에 관해

00**2**
기내식의 종류도 수십 가지여서, 항공사에서 임의로 정한 메뉴 이외에 손님이 원하는 음식을 직접 신청하는 특별식도 있다. 종교나 건강상의 이유로 인해 특정 음식을 먹을 수 없는 사람이나, 어린아이·유아를 위한 특별식이 대표적인 예이다. 최근에는 웰빙 코드에 맞춘 한식 기내식, 여성을 위한 다이어트 기내식 등이 다양하게 개발되고 있다.

기내식은 전문업체에 의해 대량 생산된다. 메뉴 선정에서 생산에 이르기까지 수많은 과정이 매우 까다롭게 진행된다. 항공여행 적합성 여부, 위생, 유통기한 등이 각 과정마다 꼼꼼하게 체크된다. 기내식에 문제가 발생하면 지상이 아니기 때문에 훨씬 심각한 상황이 야기될 수 있기 때문이다.

예약된 손님의 수에 따라 반 냉동상태로 기내에 실리면, 승무원은 식사시간에 맞춰 150도 이상의 뜨거운 오븐에서 25분쯤 데운다. 따끈따끈한 메인요리가 완성된 뒤 커다란 장갑을 끼고, 카트 안에 메인요리를 하나씩 끼워 넣어 세팅을 한다. 그러고는 각종 음료와 함께 승객에게 제공하는 것이다.

순항고도에 들어선 지 한참 지났는데도 닫힌 커튼 속에서 달그락달그락 소리만 들릴 뿐, 어떤 서비스도 나오지 않을 때가 바로 그 순간이다. 한쪽에서는 오븐에서 뜨거워진 메인요리를 꺼내고, 한쪽에서는 세팅을 하고, 한쪽에서는 음료와 컵을 준비한다.

기내에서는 직접 요리를 하지 않을 뿐만 아니라 항공기 중량과 탑재 공간의 한정성 때문에, 기내식은 예약 손님의 숫자에 딱 맞게 실을 수밖에 없다. 그러다 보니 손님이 원하는 식사 메뉴를 고르지 못할 때가 있다. 구간 특성과 손님의 국적, 선호도 등을 수시로 모니터링하여 기내식 비율을 이리저리 조정해 봐도 100% 모두를 만족시키기는 너무나 힘든 게 현실이다.

항상 두 가지 메뉴 중 한 가지는 일찍 떨어진다. 그래서 메뉴를 선택할 수 없는 손님에게는 양해를 구하고 남은 메뉴를 드리는 수밖에 없다. 대부분의 손님들은 그런 상황을 이해하고 제공되는 대로 드시지만, 몇몇 손님은 이렇게 말한다.

"저는 닭고기를 못 먹어요. 소고기로 구해다 주시면 안 되겠어요?"

"지난 7일간 여행하면서 내내 빵만 먹었는데, 또 양식을 먹으라고요? 한식 주세요. 제발."

"저는 계란 알레르기가 있어요. 다른 것으로 주세요."

이럴 때 손님에게 최대한 원하는 음식을 드실 수 있도록 하려는 승무원의 의지와 노력은 정말 눈물겹다. 혹시나 손님이 원하는 식사가 승무원용 식사와 같은 메뉴라면 기꺼이 손님에게 본인의 식사를 제공한다. 만약 야채식을 원하는 손님이 있을 땐 식사를 안 한 손님의 여유분 몇 개를 이용해 즉석으로 야채식을 만들어 드리기도 한다.

나도 여행을 많이 하기 때문에 기내식에 집착하는 손님의 마음을 잘 이해한다. 어디선가 가져다줄 수 있다면야 무슨 문제가 될까? 문제는 이곳이 지상 1만 미터의 상공이라는 것이다. 혹시 당신이 비행기에 있을 때 승무원이 "손님, 대단히 죄송합니다만 치킨 밥 요리밖에 안 남아서 그러는데, 혹시 치킨 어떠세요?"라고 문의하거든 한 번쯤 이해해 주시라. 할 수 있거나 뭔가 다른 여지가 있는데 그런 부탁을 드리는 것이 절대 아니기 때문이다.

기내에는 요리사가 없다?

기내에서 제공되는 특별식 종류는 수십 가지가 넘는다. 특별식을 분류하는 코드는 전 세계 항공사가 공유하므로, 어느 비행기를 이용하든지 똑같은 종류의 특별식을 신청할 수 있다. 특별식 중 가장 대표적인 것은 '종교식'이다.

인도인은 '인도 야채식'을 먹는다. 인도의 종교는 매우 다양하고 복잡해서 특정 동물이 신을 대신하는 상징이라 고기류의 음식을 금한다. 야채식은 메인요리부터 디저트까지 모두 야채로만 이루어진다. 심지어는 빵에 발라먹는 버터도 마가린으로 대체하여 구성한다. 야채식을 미처 주문하지 않고 탑승한 인도인은 다른 음식을 권해도 절대 먹지 않는다. 심지어 야채식을 미리 주문하지 않았으면서도 당당하게 요구할 때도 있다. 하지만 인도인의 특성을 잘 알기에 조용히 갤리로 들어가 일반 기내식을 이용해 야채만 골라서 즉석 야채식을 만들어드리기도 한다.

유대인이 먹는 기내식은 '코셔밀'이라고 아주 특수하게 만들어진다. 그들의 선민의식은 기내식에서도 분명하게 드러난다. 코셔밀은 항공사에서 임의로 만들 수 없다. 사용했던 식기를 재사용할 수 없고, 반드시 비닐 포장된 박스 형태로 탑재되어야 한다. 박스는 절대로 개봉해서는 안 된다. 남이 개봉하는 것조차 꺼리는 유대인이 아주 많기 때문이다.

만약 코셔밀을 주문한 손님이 있으면 승무원은 탑재된 그대로 가지고 가서 박스를 개봉해도 되는지, 메인 요리를 데워도 되는지의 여부 등을 일일이 허락받아야 한다. 매우 완고한 유대인은 코셔밀 외에 기내에서 제공하는 모든 음식과 음료를 거부한다. 심지어 물도 먹지 않는 사람도 있다.

당뇨병 환자나 수술 후 환자를 위한 저당식, 유동식 등도 특별식의 대표적인 예이다. 또한 어린이 기내식은 어린이의 구미에 맞게 메뉴도 매우 다양해서 자장면, 햄버거, 김밥, 스파게티 등과 함께 요거트, 쿠키 등이 함께 제공된다.

특별식은 아니지만, 한국의 항공사에서 개발한 한식 기내식이 있다. 한식은 이미 기내식 콘테스트에서 여러 차례 수상 경험이 있을 정도로 구성과 영양, 맛이 매우 뛰어나다. 지금까지 개발된 한식 기내식은 비빔밥, 쌈밥, 생선구이, 해장국 등이고 앞으로도 개발의 여지가 충분한 분야이다.

한식 기내식은 한국인은 물론 꽤 많은 외국인도 즐겨 찾는다. 특히 일본인은 비빔밥을 먹기 위해 일등석을 탔다고 얘기하기도 한다. 한식

003

기내에서 제공되는 특별식 종류는 수십 가지가 넘는다. 특별식을 분류하는 코드는 전 세계 항공사가 공유하므로, 어느 비행기를 이용하든지 똑같은 종류의 특별식을 신청할 수 있다. 특별식 중 가장 대표적인 것은 '종교식'이다. 특별식은 아니지만 한국의 항공사에서 개발한 한식 기내식이 있다. 지금까지 개발된 한식 기내식은 비빔밥, 쌈밥, 생선구이, 해장국 등이고 앞으로도 개발의 여지가 충분한 분야이다.

기내식을 앞에 펼쳐놓은 외국인에게 먹는 방법에 대해 설명이라도 드리려고 하면 그 외국인이 씨익 웃으며 "한식을 먹는 방법은 당신보다 더 잘 압니다."라고 말하는 경우도 있다. 한국인인 것이 자랑스러워지는 순간이다.

마지막으로 '라면'이 있다. 라면이 무슨 기내식이냐고 의아해하는 사람도 있겠지만, 라면은 기내 최고의 간식이다. 동아시아 나라들은 각기 자기 나라만의 라면을 갖고 있지만 그래도 단연 으뜸은 한국 라면이다. 느끼한 순간 제일 먼저 떠오르는 라면! 냄새만 맡아도, 보기만 해도 좋다.

그러나 아쉽게도 현재 라면은 일등석이나 특정 구간에서만 제공된다. 손님의 입장에서는 당연히 라면 서비스가 보편화되어 간식으로 나왔으면 하겠지만, 항공사의 입장에서는 전혀 아니다. 그 수많은 물 소비를 어떻게 감당할 것이며, 오래가는 그 냄새를 어찌할 것이냐. 엄청나게 차지하는 공간 문제 등 서비스를 보편화하기에는 여러 가지 해결 과제가 남아 있다.

일등석에서 간식시간에 라면을 스무 개쯤 끓이고 나면 온몸과 유니폼에 라면 냄새가 그득히 밴다. 이런 날 비행을 마치고 집에 들어가면 가족들이 꼭 한마디씩 한다.

"라면집 아줌마, 오늘은 라면을 몇 개나 팔았나?"

기내에는 요리사가 없다고? 천만의 말씀이다. 최근에는 요리사가 직접 탑승하여 서비스하는 이벤트가 생겨나기도 했다. 우리 회사는 일본인 생선초밥 전문요리사가 직접 탑승하여 음식을 제공하기도 했다. 기내식은 점점 다양해지고 맛있어진다. 어쩌면 손님들은 앞으로 더욱 심각한 고민에 빠지게 될지도 모른다. '기내에서는 소식하는 게 좋다던데, 이렇게 맛있는 게 많아서야.'

슬라이드 노이로제

Chapter 1
비행에 관해

비행기에는 조심해서 만져야 할 것이 너무나 많다. 특히 비행할 때마다 조작해야 하지만 잘못되면 정말 큰일 나는 것이 있다. 바로 모든 승무원에게 공포의 대상인 '슬라이드'_{비행기 위급 시 펼쳐지는 비상탈출 미끄럼대}다.

비행기가 출발하려 할 때 조용히 기내방송에 귀 기울여 보라. 각 항공사마다 용어는 다르지만 영어로 짧게 슬라이드 조작에 대한 명령어가 나오고, 그에 화답하는 소리를 들을 수 있을 것이다.

슬라이드는 항공기 도어에 장착된 비상용 미끄럼대이다. 비상 상황이 발생했을 때 승무원은 도어를 열어 슬라이드를 작동시키고 탑승객을 비상탈출 시켜야 한다. 그러므로 슬라이드는 항공기 운항에서 가장 중요한 점검사항 중 하나다.

비행기가 출발하면 승무원은 자기가 맡은 도어에 위치해 슬라이드를 조작한다. 비상 상황 시 도어를 열면 바로 슬라이드가 펼쳐지도록 해놓는 것이다. 평상시 이 상태로 문을 열었다간 아무 때나 슬라이드가 펼쳐지기 때문에 도착 직전에는 반드시 제 위치로 다시 돌려놔야 한다. 즉 비행기가 출발하고 도착함에 따라 슬라이드를 작동·비작동 모드로 변환시키는 것이다.

조작 실수로 슬라이드가 오작동 되는 사례는 아주 드물지만 몇 년에 한 번씩은 꼭 발생한다. 사람들은 "아니, 머리 쓰는 일도 아니고 작동, 비작동으로 핸들만 옮기면 되는데 실수할 일이 뭐가 있어?"라고 하겠지만 말이다.

슬라이드가 실수로 작동되면 경제적으로 엄청난 손실이 발생한다. 슬라이드 하나가 비상시 담당하는 승객 수는 50명 정도. 만약 슬라이드 하나가 오작동 했을 경우 50명의 승객은 비행기를 탈 수 없게 된다. 실제로 지방 공항에서 슬라이드가 오작동 되어 만석의 상황에서 50명의 승객이 다시 내려야 했단다. 승객들의 원성과 뒤처리 비용은 물론, 좌석을 비워 갈 수밖에 없는 경제적 손실, 슬라이드 재장착 비용까지……

누군가 슬라이드를 잘못 조작하기라도 하면 그야말로 비행기에서 뛰어 내리고 싶은 심정일 것이다. 실제로 실수했던 동료들의 얘기를 들어 보면 하나같이 이렇게 말한다.

"저도 잘 모르겠어요. 조작하는 순간 귀신에 홀렸나 봐요."

비행기가 LA 공항에 무사히 도착하고 마이크를 통해 슬라이드 조작 방송이 흘러나오고 있었다. 승무원 좌석에서 일어나 도어 근처로 가려

004

비행기에는 조심해서 만져야 할 것이 너무나 많다. 특히 비행할 때마다 조작해야 하지만 잘못되면 정말 큰일 나는 것이 있다. 바로 모든 승무원에게 공포의 대상인 '슬라이드'다. 슬라이드는 항공기 도어에 장착된 비상용 미끄럼대이다. 비상 상황이 발생했을 때 승무원은 도어를 열어 슬라이드를 작동시키고 탑승객을 비상탈출 시켜야 한다. 그러므로 슬라이드는 항공기 운항에서 가장 중요한 점검사항 중 하나다.

는 순간에 손님이 쓰다 만 입국서류를 내밀며 이것저것 물어본다.

"잠시만요. 이것 먼저 하고요."

"하나만 가르쳐줘요."

어쩔 수 없이 입국서류 작성을 도와주고 다시 도어로 가려는데, 이번엔 다른 손님이 붙잡는다.

"속이 거북해 죽겠어요. 토악질이 날 것 같아. 화장실, 화장실!"

급히 손님을 화장실로 안내한다. 그 사이 다른 손님들이 내리기 위해 우르르 밀려나오는 바람에 그녀는 슬라이드와 도어를 까맣게 잊고 말았다. 도어를 연 순간 "뺑!" 소리와 함께 펼쳐진 비상 미끄럼틀!

슬라이드 조작 실수 제로를 유지하기 위한 규정도 지금껏 여러 번 바뀌었다. 최근 사용되는 방법은 왼쪽 도어와 오른쪽 도어 담당자가 함께 조작하는 방법이다. 도어 담당자가 슬라이드를 잘못 조작하는지 감시하는 역할을 상대 도어 담당자가 맡아 하는 것이다.

생각하면 정말 아무것도 아닌, 핸들을 왼쪽이나 오른쪽 혹은 위나 아래쪽으로 밀었다가 다시 제자리로 놓으면 되는 아주 단순한 일이다. 하지만 아무리 경험과 지식이 뛰어나고 수많은 예기치 않은 상황을 겪었던 승무원이라 할지라도 결코 이 슬라이드 앞에서는 자유로울 수가 없다. 슬라이드 조작 순간만은 내가 기계 인간이었으면, 컴퓨터였으면 하고 바란다.

미래의 항공기에는 슬라이드를 절대로 수동 조작하지 않아도 되면 좋겠다. 비행기가 출발하면 자동으로 조작되었다가 비행기가 도착하면 자동으로 풀리는 전자동 시스템이 도입될 그 순간을 기대하며 오늘도 나는 마이크를 들고 낭랑한 목소리로 외친다.

"체인지! 슬라이드 모드, 비행 모드!"

Chapter 1
비행에 관해

도쿄행 비행기를 띄워라, 60분간의 특급작전

퉁! 탁! 웨엥! 덜커덕!

탑승교를 지나 비행기에 들어서자 수십 명의 사람들이 서로 부딪치지 않으려 애쓰며 비행기의 좁은 통로를 이리저리 누빈다. 회색 유니폼을 입은 지상조업 직원들은 진공청소기를 돌리고 좌석 테이블을 꺼내어 닦고 떨어진 휴지 조각들을 정리하느라 분주하다. 열려 있는 반대편 도어에 연결된 푸드카에서는 부지런히 식사며 음료 카트들이 기내로 실려지고, 신문이며 잡지 뭉치들이 좁은 통로 한쪽 귀퉁이에 차곡차곡 쌓인다. 정비사들은 바닥으로 연결된 계단을 오르락내리락 하며 시스템의 이상 유무를 점검한다. 보안직원은 좌석 틈새, 선반 안쪽 후미진 곳까지 볼록거울을 이용해 샅샅이 살핀다.

주어진 시간은 길지 않다. 불과 한 시간 전 샌프란시스코에서 돌아온 이 비행기는, 앞으로 수 분 안에 새로운 준비를 마치고 다시 도쿄로 날

아가야 한다. 직원끼리 제대로 인사할 겨를도 없다. 자주 보는 낯익은 얼굴에게는 가벼운 목례 정도만 건넨다. 승무원들도 가방을 놓기가 바쁘게 저마다 체크리스트를 펼쳐 들고 내부 상태를 재확인한다.

"반장님, 퍼스트클래스의 샐러드드레싱이 메뉴와 다른데요. 그리고 오늘 외국 손님이 많아서 와인을 추가로 탑재해 주셔야겠어요."

"정비사님, 이 좌석 개인용 모니터 화면이 좀 이상한데요. 점검 좀 부탁드립니다."

분 단위로 끊긴 짧은 시간이 분주하게 지나고 각자 임무를 완수하면 직원들은 썰물 빠져나가듯 순식간에 다른 비행기로 사라진다. 이제부터는 우리 승무원의 몫이다.

함께 비행할 승무원들이 다 모여 브리핑을 시작한다. 기장은 비행시간, 기상, 항로 등을 세세히 설명하고 보안사항도 다시 한 번 확인한다. 그러면 자기 위치로 돌아가 각종 비상장비와 기내시스템의 이상 여부를 마이크를 통해 알린다. 탑승시간까지 준비를 끝내기가 아주 빠듯한 게 보통이지만 간혹 10분 정도 여유가 생기기도 한다. 그러면 잠시 숨을 돌리고 커피 한 잔씩을 나누며 결속력을 다진다.

마지막으로 공항서비스 직원이 기내에 와서 캐빈 매니저를 찾는다. 탑승준비가 완료되었는지 확인하고 탑승객 명단을 전달하기 위해서다. 캐빈 매니저는 장애인 손님, 어린이, 노약자 등이 있는지 꼼꼼히 체크한다. 또한 VIP나 상용고객 정보도 각 클래스 별로 나누어 준다.

탑승이 시작되면 장애인과 노약자 손님 등이 한사랑 서비스 직원의 안내로 제일 먼저 탑승한다. 탑승 중 짐이나 좌석 관련 문제가 발생했을 때를 대비해 무전기로 운송서비스 직원과 지속적으로 연락을 주고받는다. 공항공사의 탑승교 연결 직원도 일찌감치 와서 탑승교를 뗄 만반의 준비를 한다. 정비사는 조종실을 오가며 기장과 마지막 외부 점검을 한다.

"탑승이 끝났습니다. 유아 1명 포함, 손님 수는 250명입니다."

운송서비스 직원의 탑승완료 사인을 받으면 캐빈 매니저는 조종실로 연락해 기장에게 탑승완료 사실을 알리고 탑승객 숫자를 확인한다.

"수고하셨습니다."

탑승교에 서 있던 정비사, 케이터링, 운송서비스, 한사랑 서비스, 탑승교 연결 직원에게 두루 눈인사를 하고 문을 닫는다. 비행기가 움직이고 좁은 창문 밖으로 정비사가 일렬로 서서 손을 흔드는 모습이 보인다. 그들에게는 마무리지만 우리에겐 이제 시작이다. 지상의 협력자들을 다시 만나기 전까지 승무원과 승무원, 캐빈과 조종실 사이엔 긴밀한 협력이 이루어져야 한다.

도쿄행 비행기를 띄우기 위해 비행기 안팎을 분주하게 오갔던 사람들과 우리! 아까 외국인 기장이 브리핑 때 마지막에 했던 말이 새삼 떠오른다.

"우리는 한 팀이다."

갤러에는 우렁각시가 산다?

Chapter 1
비행에 관해

비행기는 각각의 존으로 나뉘어 있고, 존 별로 업무가 정해진다. 크게는 퍼스트클래스, 비즈니스클래스, 트래블클래스로 나누어지며, 그 중에서도 비즈니스클래스는 BS(비즈니스 시니어), BG(비즈니스 갤리), BJ(비즈니스 주니어)로 구분되는데, 최근까지 내가 가장 많이 했던 업무는 BG이다.

BG란 비행기의 주방, 즉 갤리에서 모든 서비스를 준비하는 업무이다. 타월 서비스나 빵 서비스는 갤리에서 하게 되어 있지만, 너무 바쁠 땐 손님 얼굴 한번 볼 수 없을 때도 있다. 비행기 출발 전엔 기내식이 코스별로 손님 수에 맞게 정확히 탑재되었는지 파악하고 이에 따른 글라스나 기물, 차이나웨어(커피잔이나 접시류)까지 꼼꼼히 체크해야 한다. 장거리 구간에선 한식에 나갈 밥까지 데워서 밥공기에 얌전하게 퍼놓는, 그야말로 주방아줌마인 셈이다.

이륙 후엔 서비스 코스대로 트롤리2단으로 된 바퀴달린 서비스용 선반를 차리는 것이 주된 임무이며, 서비스가 원활히 진행될 수 있도록 갤리 내에서 재빠르게 움직여야 한다. 아무리 유능한 갤리라도 사이드오더 앞에선 좌절하고 마는데, 예를 들면 주니어가 갤리로 뛰어 들어오며 이렇게 외치는 것이다.

"선배님, 9A 손님 비빔밥과 같이 라면 드신대요."

헉! 갑자기 모든 일이 꼬이고 만다. 끓이던 국을 한곳에 모으고 라면을 위한 물을 올리면 리듬이 깨지면서 다음 과정이 뭔지 깜깜해진다.

BG로서 제일 힘든 건 히팅이다. 바로 스테이크 때문인데, 기내에 탑재되는 스테이크는 가볍게 살짝 익힌 채로 들어온다. 히팅 전 고기가 얼마나 익혀 있는지 확인해야 하고, 전채가 뭐고 양이 얼마인지도 필수 체크사항이다. 전채를 먹는 시간에 따라 스테이크 히팅 시점이 달라지기 때문이다. 히팅한 채로 오븐에 그냥 놓아두면 바로 웰던 상태가 되고, 그렇다고 조금만 익히면 피가 뚝뚝 떨어지고, 메인요리 서비스 시간에 레어도 웰던도 아닌 상태로 맞추는 타이밍이 진짜 어렵다. 오죽했으면 이런 퀴즈도 있다.

이 세상에서 가장 바쁜 쥐는?
답은 'BG'이다.

예전처럼 비행기 여행이 흔하지 않던 시절, 유니폼 중에 조끼가 있었는데 BS와 BJ는 서비스를 하기 때문에 조끼를 입고, BG만 앞치마를

Chapter 1
비행에 관해

005
BG로서 제일 힘든 건 히팅이다. 바로 스테이크 때문인데, 기내에 탑재되는 스테이크는 가볍게 살짝 익힌 채로 들어온다. 히팅 전 고기가 얼마나 익혀 있는지 확인해야 하고, 전채가 뭐고 양이 얼마인지도 필수 체크사항이다. 전채를 먹는 시간에 따라 스테이크 히팅 시점이 달라지기 때문이다.

입고 서비스를 한 적이 있다. 물론 그때도 BG는 갤리에서 나오지도 못하고 엄청 바빴을 것이다. 그런데 할머니 한 분이 갤리로 오시더니 승무원에게 말씀하셨다.

"밥을 질지도 않고 되지도 않게 잘했네. 이제 설거지도 해야지? 아가씨도 참한데, 조금만 더 열심히 해서 승무원 하지 그랬어?"

BG를 하다 보면 손톱 중에 성한 것보다 부러진 게 더 많고, 손은 거칠어져 핸드크림을 아무리 발라도 소용이 없고, 팔은 온통 화상 흉터로 얼룩덜룩하지만, 손님들이 싹싹 비운 그릇을 보면서 흐뭇한 미소를 혼자 짓곤 한다. 비록 손님과 마주할 시간은 많이 없지만, 갤리에도 예쁜 '우렁 각시' 승무원이 한 명 있다는 것을 손님들이 기억해주셨으면 한다.

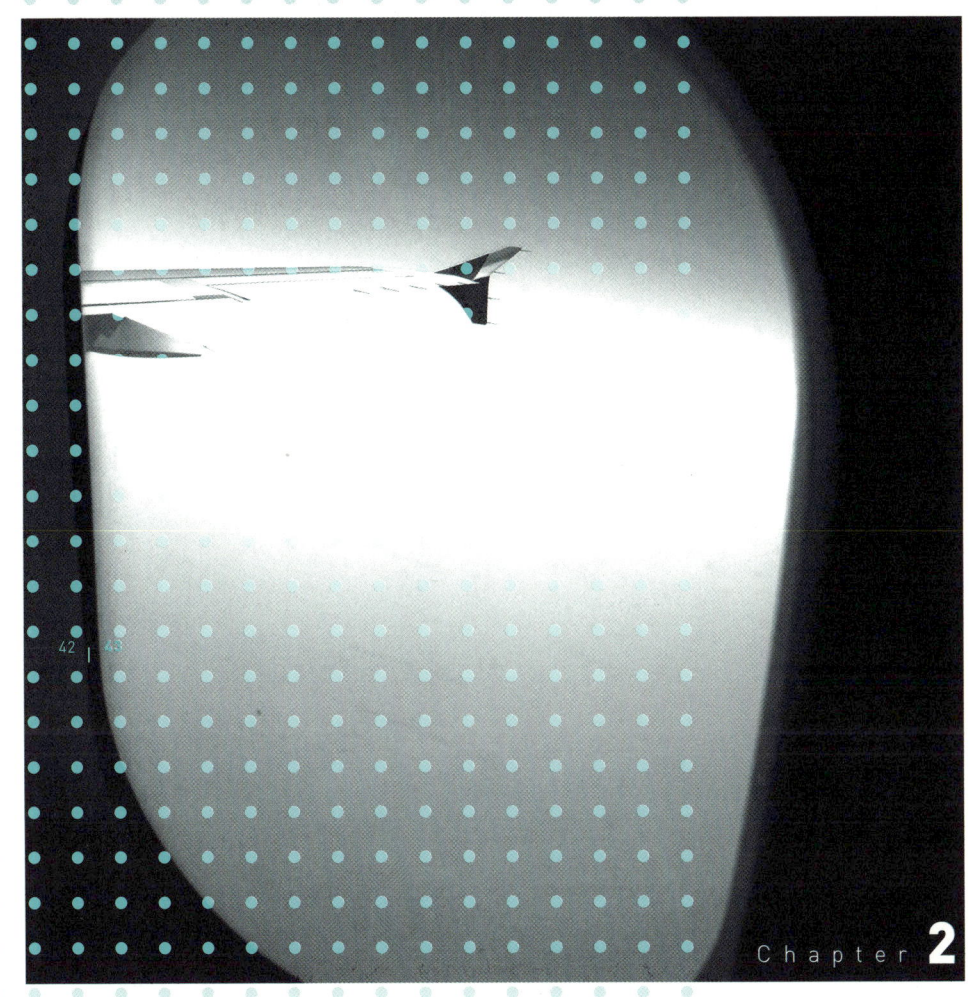

Chapter **2**

여행에 관해
Travel affair

그곳에는 뭔가 특별한 냄새가 있다

항공기가 도착하면 다음 비행을 위해 기내를 청소하는 지상조업 직원들이 우르르 올라온다.

"아니, 이게 무슨 냄새야. 이 비행기 델리 갔다 왔구나."

그야말로 족집게다.

반면, 해외에서 2~3일 체류한 뒤 한국행을 위해 비행기 탑승연결 브리지로 들어서는 순간이면 비행기 내부에 들어서기도 전부터 벌써 매콤하고 짭짤한 냄새가 솔솔 코를 자극한다.

"고추장 냄새! 아, 김치 먹고 싶어라."

한국인에게는 이것이 친숙하고 맛깔스러운 냄새라지만, 아마 영국인이나 미국인, 태국인에게는 아주 고약한 냄새일 수도 있다. 이렇듯 각 나라마다, 인종마다 말로 형언하기 어려운 특유의 냄새가 있다.

러시아인에게는 오래된 가죽 같은 냄새와 서양인 특유의 냄새가 난다. 일본인은 간장 같은 냄새가 난다. 중국에 가면 어릴 적 빨래비누로 빨아서 햇볕에 말린 동생 기저귀에서 맡은 듯한 냄새가 난다. 압권은 인도사람에게서 나는 냄새이다. 인도에 가봤다면 다 알겠지만, 인도인의 음식 취향은 아주 독특하다. 그들이 음식에 넣는 향신료는 대부분 코를 강하게 자극한다. 종교의식을 치를 때 사용하는 향도 냄새가 무척 다양하다. 이것저것이 어우러진 냄새는 카레향 같기도 하고 오래된 절에서 나는 냄새 같기도 하다.

냄새는 기억의 첫걸음이다. 간장 냄새, 카레 냄새를 맡으면 불현듯 묵혀두었던 기억들이 하나둘씩 떠오른다. 북경의 호텔 앞에서 한국 돈을 보여주자 마냥 신기해하며 선뜻 물건을 내주었던 상점 아줌마, 타지마할 입구에서 목각인형을 팔던 눈이 크고 유난히 반짝이던 한 여자아이······.

때로는 고약한 냄새도 있다. 아무리 기내 환경이 내외부 공기 순환방식이라 할지라도, 한정된 공간이기에 냄새는 꽤 오래 남는 편이다. 또한 좁은 좌석에 많은 사람이 다닥다닥 붙어 앉으니 잘못하면 본의 아니게 주변 사람에게 불쾌한 인상을 남길 수도 있다. 기내에서 과식을 하면 여지없이 배가 가스로 커다랗게 부풀어오른다. 압력 차이 때문에 음식물이 장에서 더 많은 가스를 형성하는 것이다. 그래서 아무리 점잖은 사람이라도 자칫 지독한 냄새를 발산할 수 있다. 그뿐인가? 발 냄새가 타인과 비교해 심한 사람이나 운동화를 신고 열심히 투어를 다녀온 사람이 신발을 벗는 순간에 나는 냄새는 꽤 멀리, 꽤 오랫동안 기내에 남는다.

혹시 당신이 장거리 여행을 갈 때 냄새 때문에 남에게 피해를 끼치고 싶지 않거든 다음의 몇 가지 사항만 명심하라.

승무원이 나눠주는 양말은 꼭 착용하고 앞이 트인 신발을 신는다. 또한 가급적 소식하면서 자주 움직여주고, 여러 겹의 옷을 착용해 더울 때는 언제든 벗을 수 있도록 준비하는 것이 좋다.

하지만 이도 저도 아니어도 좋지 않을까? 동양인이든 서양인이든, 손님이든 승무원이든, 아이든 어른이든 우리는 다 같은 사람이고, 그런 냄새쯤 미지의 세계에 대한 이해의 과정이라고 생각한다면 지금 가고 있는 여행지에 대한 기대가 한껏 더 부풀어 오를 테니까.

월남 쌈, 팬케이크 그리고 수키

'어? 어디에 두었더라?'

베트남 비행을 몇 시간 앞두고 짐 챙기기에 바쁜데 꼭 있어야 할 것이 없어졌다. 서랍을 이리 뒤지고 저리 뒤져 겨우 찾아낸 그것은 다름 아닌 음식점 카드! 카드 지갑에 베트남 음식점 카드를 몇 장 찾아내 쑤욱 집어넣는다.

"매니저님, 식사 어디에서 할까요?"

마치 기다렸다는 듯 집에서 준비해 온 음식점 카드를 늘어놓는다.

"맘에 드는 곳으로 골라 봐요."

해산물을 먹고 싶어하는 후배들을 이끌고 싸고 맛좋은 해산물 식당으로 갔다. 비릿한 냄새에 코를 감싸 쥐는 후배도 있다.

"내 말만 믿고 들어가서 5분만 지나 봐요. 언제 그런 냄새가 났느냐는 듯 전혀 느끼지 못할 테니까……."

주문한 음식이 줄줄이 세팅된다. 먼저 새우살로 만든 스프링롤에 칠리소스를 잔뜩 묻힌 다음 양상추에 싸서 한입에 쏘옥 집어넣는다. 롤의 바삭거림과 소스의 매콤함! 굵은 소금으로 채워진 단지가 날라져 오면 집게를 이용해 왕새우를 골라낸다. 뜨거움을 애써 참고 껍질을 벗겨 라임을 잔뜩 뿌린 소금에 찍어 먹는다.

매콤한 소스로 버무린 머드크랩, 해산물 볶음밥, 굴 소스로 버무린 야채볶음이 나오면 볶음밥에 소스를 적당히 뿌려 비빈 다음, 야채볶음을 얹어 먹는다. 머드크랩의 껍질은 정말 단단하고 다리는 정말 크다. 껍질을 잘 깨서 살만 뽑아낸다.

베트남에는 해산물보다 더 유명한 음식이 있다. 바로 쌀국수다. 우리나라에서 먹는 쌀국수와는 비교가 안 되는 깊고 진한 국물 맛, 탱탱하면서도 부드러운 면발. 라지 사이즈는 먹어줘야 비로소 배가 부르다. 보통 음식점에서 나올 때면 그 음식에 질리게 마련인데 쌀국수만은 예외다. 라지 사이즈로 배를 빵빵하게 채우고 나와도 자꾸자꾸 미련이 남는다.

베트남에서 또 하나 빼놓을 수 없는 음식이 바로 월남 쌈이다. 그러나 정작 베트남에서는 맛난 월남 쌈 집을 찾지 못했다. 재료로 향이 강한 야채를 쓰는 데다 소스도 우리 입맛에는 안 맞다. 대신 시드니에 가면 맛이 기가 막힌 월남 쌈 집이 있다. 한인이 밀집한 시드니 변두리에 있어, 우리가 묵는 호텔에서 한 시간은 족히 걸리는 거리인데도 정말 많은 승무원들이 그 집을 사랑한다.

커다란 접시에 계란, 피망, 양파, 양배추, 양상추, 당근, 게맛살, 어묵,

오이, 숙주, 버섯 등이 빙 둘러져 있고 가운데에는 아보카도가 수북이 쌓여 있다. 얇게 저민 소고기와 파인애플은 그 옆의 작은 접시에 담겼다. 먼저 뜨거운 물에 라이스페이퍼를 담갔다 접시에 잘 펴고 각종 야채를 넣고 그 위에 아보카도와 파인애플을 얹는다. 피시소스를 끼얹고 둘둘 말아 먹으면 그야말로 환상적인 맛이다.

우리나라의 월남 쌈은 비싼 데다 소스도 다르다. 무엇보다도 그 맛난 아보카도를 넣어먹을 수 없다. 시드니의 월남 쌈 가격이 그다지 싸지 않음에도 승무원이 즐겨 찾는 이유는 풍성한 재료 때문이다. 우리나라에서 월남 쌈을 먹으려면 리필할 때마다 적잖은 금액을 지불해야 할 뿐더러 맘놓고 배부르게 먹을 수도 없을 만큼 비싸다. 하지만 이곳에서는 언제든지 리필이 가능하다. 먹다 먹다 배가 너무 불러서 "내가 월남 쌈을 다시 먹으면 사람이 아니다!"라고 선언하지만 지금까지 이를 지킨 승무원은 아무도 없다.

월남 쌈 집이 너무 멀다 싶으면 호텔 근처의 스테이크하우스에 간다. 그곳에서는 스테이크며 야채를 골라 바비큐 그릴에 직접 구워먹을 수 있다. 취향에 맞게 요리하는 게 가능하기 때문에 이곳 역시 인기 만점이다.

시드니에서 승무원들이 사랑하는 먹을거리 중 정말 빠질 수 없는 것이 있다. 바로 팬케이크다. 호텔에서 걸어서 10분 거리에 있는 이곳은 30년 전통을 자랑하는 패밀리 레스토랑으로, 팬케이크의 종류도 아주 다양하다. 뭘 먹을까 한참 고민한 끝에 스트로베리 앤드 바나나 팬케이크를 주문한다. 두세 명이 먹어도 될 정도로 큼직한 팬케이크

위에 슈가 파우더를 뿌린 뒤 바닐라 아이스크림을 얹고 그 위에 딸기와 바나나로 장식하고는 각종 시럽으로 한껏 모양을 낸 팬케이크가 나오면 '우와' 하고 저마다 환호성을 지르며 카메라를 꺼내 들기 바쁘다.

시드니 시내 곳곳에 분점을 둔 초콜릿 퐁듀 집도 유명하다. 앙증맞은 모양의 잔에 카카오향이 듬뿍 살아 있는 핫초콜릿을 마시거나 초콜릿을 듬뿍 바른 와플, 혹은 딸기나 마시멜로 등을 초콜릿 퐁듀에 찍어 먹는다. 살찌지만 않는다면 정말 배터지게 마음껏 먹어보고 싶다.

먹을거리 하면 역시 방콕을 빼 놓을 수 없다. 승무원들은 방콕 비행을 제일 좋아한다. 여러 가지 이유가 있겠지만 그중 최고로 꼽는 것이 바로 맛있는 음식이다. 방콕에 도착한 다음날 승무원들이 모이면 굳이 무엇을 먹으러 갈까 고민하지 않아도 된다. 삼삼오오 택시를 불러 타고 한 백화점의 수키suki 식당에 모인다.

우리나라의 샤브샤브와 비슷한 수키는 따끈따끈한 닭 국물에 각종 야채와 해물 등을 살짝 데쳐서 매콤한 소스에 찍어먹는 태국 궁중 전골 요리이다. 반쯤 익어 아직 아삭아삭하고 부드러운 야채와 매콤하고 새콤한 소스와의 조화!

태국인과 좀 다른 게 있다면 바로 우리의 못 말리는 '마늘 사랑'이다. 마늘은 몸에 좋고 닭국물의 느끼함도 순식간에 없애준다. 한 종지 가득 담겨 있는 마늘을 펄펄 끓는 국물에 넣으면 마늘의 향긋한 냄새가 식욕을 불러일으킨다.

철사 망으로 된 국자를 이용하여, 먹고 싶은 해산물과 야채를 건져서 소스에 찍어 먹는다. 간간히 국물도 후루루 마신다. 마지막으로 한국의 전골 음식점 같이 죽을 만들어 먹는다. 달걀과 밥, 채 썬 파, 참기름을 주문해서 남은 국물에 넣고 살살 저으면 정말 맛있는 해물 계란죽이 탄생한다. 이 식당에서 파는 왕새우튀김과 수박주스도 우리의 인기 메뉴 중 하나다. 이외에도 방콕이나 싱가포르는 해산물 식당이 꽤 발달한 편이다.

승무원들이 좋아하는 음식점은 유명 여행 가이드 책에 실린 것도 있지만 우리 스스로 찾아낸 곳이 더 많다. 우연히 누군가가 들렀는데 정말 맛있었다고 하자. 승무원의 친목도모 사이트에 그 정보가 올라오고, 호기심으로 한두 명씩 찾아가다가 결국 단골 식당이 되는 것이다. 개중에는 넉살 좋은 승무원이 꼭 있어서, 단골 식당이 되고 얼마 안 있어 승무원 10% 특별 할인이라든지, 디저트 무료 제공 등의 혜택을 받아내곤 한다. 발 빠른 식당 주인은 승무원을 식당에 오게 하기 위해 무료로 픽업을 해주거나 할인 혜택을 주기도 한다.

한인 타운에 호텔이 있는 LA를 가면 업체들의 경쟁은 정말 치열하다. 자주 가는 식당에 들어가면 우리가 무엇을 시킬지 뻔히 안다. 이리저리 주문하지 않아도 "승무원 메뉴 주세요."라고 말하면, 정말 거짓말처럼 우리가 좋아하는 것들로만 가득 차려진다. 그 밖에도 일본 뷔페식당의 낫토, 샹젤리제 거리의 홍합 요리, 샌프란시스코의 클램 차우더……

이국적 음식은 처음에는 당혹스럽기도 하고 낯설기도 하지만 한 번, 두 번, 여러 번 경험해보면 어느새 그 독특한 맛에 흠뻑 빠지게 된다. 마치 외국인이 한국의 된장찌개에 뒤늦게 반한 격이라고나 할까? 심지

어느 인도 시내 한가운데 현지인들이 좋아하는 탄두리 치킨을 기가 막히게 잘하는 집에 가기도 한다. 이제 냄새쯤은 아무렇지도 않을 만큼 맛있게 느껴진다.

아직은 먹지 못할 것 같고 향이 생소한 음식도 많다. 하지만 비행을 하면 할수록, 그 도시가 익숙해지면 익숙해질수록 맛의 경계가, 문화의 경계가 허물어짐을 느낀다. 그럼에도 자명한 사실은, 그 어떤 산해진미도 김치와 밥, 소박한 일상의 한국 음식을 절대 못 따라온다는 것이다!

방금 프랑크푸르트 비행을 마치고 돌아온 지금, 어디 이 느끼한 속을 달래줄 곳이 없나 사방을 두리번거린다. 오랜만에 보는 한국 음식에 감격하여 얼큰하고도 담백한 국물을 후루룩 맛보고선 이렇게 외친다.

"뭐니 뭐니 해도…… 역시 이 맛이야!"

지구를 한 바퀴 돌자,
서울-밴쿠버-상파울로-두바이 찍고~

Chapter 2
여행에 관해

"휴, 이제 가기만 하면 되는구나."

비행기 좌석을 찾아 짐정리를 하고 자리에 앉자 안도의 한숨이 나온다. 출발하기까지 준비기간은 항상 힘들다. 특히 여행사를 통하지 않고 자신이 직접 알아서 모든 준비를 해야 할 때는 말이다. 탑승 가능한 항공사를 알아보고, 운항 시간과 여유 좌석 등을 일일이 전화해서 체크한 뒤 비행기 표를 신청하고, 발권하기까지 이것저것 할일이 많고 머리가 아프다.

특히나 자리가 남아야만 탈 수 있는 직원용 할인표는 탑승권을 받아 들 때까지 언제나 마음을 졸이게 한다. 예약이 안 돼서 불안하긴 해도 날짜와 시기만 잘 고르면 대부분 무사히 이용할 수 있다. 이번 여행은 캐나다 밴쿠버에 사는 이모네를 거쳐 브라질 상파울로에서 지내는 동생네를 방문하는 일정이었다. 그리고 드디어 밴쿠버행 에어캐나다에 몸을 실은 것이다.

"항공사 승무원이 왜 다른 항공사를 타지?" 하고 생각하겠지만 항공사 간의 협정에 따라 직원들은 여러 항공사를 싼 값에 공유할 수 있다. 세계 어디든 저렴한 값에 간다는 것이 항공사 직원이 누리는 최고의 이점이 아닐까. 내가 그곳으로 가는 비용이 동생이 한국에 오는 데 드는 비용보다 훨씬 싸다 보니, 자연스럽게 내가 동생을 보러 브라질까지 가는 이유가 되기도 한다.

밴쿠버는 우리 회사 비행기가 가지 않는 지역이라 이번엔 에어캐나다를 타보기로 했다. 승무원으로서 때때로 이렇게 다른 항공사를 이용하는 것도 꽤 재미있는 경험이다. '다른 항공사는 어떻게 서비스 할까? 우리보다 더 나을까?' 이런 기대감에 탑승 시부터 이곳저곳 관심을 갖고 보느라 눈을 떼지 못한다.

기종은 노후한 보잉 767이었다. 우리 회사에도 보잉 767 비행기가 몇 대 있지만, 태평양을 건너기엔 무리라고 알려져 있어 주로 동남아나 짧은 거리에만 운행된다. 다행히 비디오는 장착되어 있어 영화를 보느라 지루하지는 않았다. 승객도 한국인이 대부분이라 뒤쪽은 교포 승무원이 담당하고 있기에 언어 사용에도 불편함은 없었다. 다른 외국 항공사처럼 승무원이 다소 나이가 있었지만 제법 친절했다.

전에 타본 유럽의 모 항공사에서는 식사 서비스 이외에 음료나 과자가 모두 셀프로 제공되었는데, 에어캐나다는 외국 항공사 치고는 서비스를 제공하는 승무원들이 훨씬 부지런했다. 식사도 서울에서 실렸기 때문에 입맛에 맞았고, 제공된 이어폰은 가져갈 수도 있었다. 노후한 기체와 좌석을 제외하고는 여느 항공사와 비교해도 손색이 없었다. 밥 두 번 먹고 영화 좀 봤더니 금방 밴쿠버에 도착했다. 이모네 가족과 함께 밴쿠버와 휘슬러, 미국 시애틀 등 근교를 강행군하며 일주일 정도 시간을 보내고 다시 브라질로 향했다.

직항이 없어서 다시 토론토에서 갈아타야 했는데, 이왕 온 김에 나이아가라 폭포에 들르기로 했다. 전에 뉴욕 비행을 왔다가 나이아가라까지 여섯 시간 동안 차를 몰고 간 적도 있었다. 어머니는 아직 나이아가라를 못 가보셨기에 마침 잘되었다 싶었다.

10월 말에도 나이아가라 폭포는 엄청 추웠다. 브라질에 처음 갔을 때 이과수 폭포를 봐서 그런가? 큰 감흥은 없었지만 비수기인 탓에 폭포 근처의 제법 좋은 호텔을 싼 가격으로 묵을 수 있었다. 호텔비가 비싼 캐나다에서 이 가격에 이용하는 것만으로도 횡재했다고 생각했는데 전망이 그림 같은 방을 주는 것이 아닌가. 폭포가 보이는 방은 원래 상당히 비싸다. 폭포를 바라보며 일어나 폭포를 바라보며 먹는 아침이란! 나중에 사랑하는 사람과 다시 오고 싶었다.

브라질에 가려면 한국에서 동서로, 즉 아메리카나 유럽까지 갔다가 한 번 갈아타고 남반구로 한 번 더 비슷한 시간을 내려가야 한다. 지구 중심을 뚫고 대각선으로 직진하면 제일 빠르겠지만, 태평양을 가로지르는 대각선 논스톱 노선은 아직 없다. 꼼짝없이 아메리카나 유럽으로 열두 시간 이상 갔다가 (갈아타는 시간이 짧다면 그나마) 24시간 걸려 도착하는, 정말 머나먼 곳이다. 이전에 한 번 가보고는 힘들었던 것을 알기 때문에 출발 전부터 벌써 두려웠다.

Chapter 2
여행에 관해

001

항공사 간의 협정에 따라 직원들은 여러 항공사를 싼 값에 공유할 수 있다. 세계 어디든 저렴한 값에 간다는 것이 항공사 직원이 누리는 최고의 이점이 아닐까. 승무원으로서 때때로 이렇게 다른 항공사를 이용하는 것도 꽤 재미있는 경험이다.

매일매일 비행기 타는 사람이 뭐가 두렵느냐고? 몇 년 전 그곳에 처음 갔다 오는 길에 만석 비행기의 가운데 자리에 끼어 앉아 너무 힘들어 밥 한 끼 못 먹고 끙끙 앓았던 기억이 있다. 얼마나 얼굴이 안 좋았으면 옆에 앉은 승객이 "도착하면 꼭 병원에 가보세요!" 할 정도였다.

5년 전 브라질에 처음 갔을 때는 독일 프랑크푸르트까지 우리 회사 비행기를 탔다가 상파울로엔 루프트한자로 갈아타고 갔다. 아무래도 비자가 필요한 미국보다는 프랑크푸르트 공항이 환승을 하기 편했다. 그런데 이번엔 밴쿠버의 이모네를 들르는 것이 목적이라 밴쿠버, 토론토를 들러 상파울로로 가게 된 것이다.

문제는 서울로 돌아갈 때였다. 또 그렇게 가야 한단 말인가. 토론토에서 밴쿠버를 거쳐 서울로? 까마득했다. 갈 때야 밴쿠버, 토론토에서 구경하고 쉬었다 갈 시간이라도 있지만 돌아올 때는 고스란히 비행기 안에 묶여 있어야 한다.

그래서 반대편인 유럽을 거쳐 오는 쪽으로 알아봤다. 에어프랑스를 타고 파리에서 갈아타는 방법과 에미레이트 항공을 타고 두바이에서 갈아타는 방법이 있었다. 루프트한자를 타고 독일 뮌헨이나 프랑크푸르트에서 환승할 수 있으나 다섯 시간 이상 기다려야 했고, 이왕이면 안 타본 항공사를 이용하고 싶었다. 그래서 에어프랑스와 에미레이트 항공 두 가지 표를 다 예약했다. 쓰지 않은 표는 다녀온 뒤 환불이 가능하고, 혹시 자리가 없어 못 탈 때를 대비해서도 좋은 방법이다.

그리하여 나는 처음으로 에미레이트 항공을 타고 두바이를 거쳐서 서울로 돌아왔다. 듣던 대로 에미레이트 항공은 비행기의 하드웨어 부

Chapter 2
여행에 관해

분에서 훌륭했다. 상파울로-두바이, 두바이-서울 구간을 이용했는데, 비디오와 오디오 채널이 노선에 관계없이 아주 다양했다. 한국영화도 대여섯 편 있고 한국음악 채널도 따로 있어서 심심하지 않았다. 기내 서비스는 우리 회사를 따라한 것인 아닌가 싶을 정도로 비슷했다. 기내 불을 끄면 밤하늘에 별이 반짝이는 것처럼 장식된 푸른빛 천장이 인상 깊었다.

그런데 이상했던 점이 있다. 에어캐나다도, 에미레이트 항공도 불을 켜지 않은 어두운 상태로 항상 식사 서비스를 한다는 사실이다. 별 불평불만 없이 어두운 곳에서 조용히 식사하는 손님들을 보며 이상하게 느껴졌다.

어쨌든 서울, 밴쿠버, 토론토, 상파울로, 두바이, 서울. 무슨 '서울 대전 대구 부산 찍고' 하는 노래도 아니고, 지구 한 바퀴를 훌쩍 돌아왔다. 이게 지구 자전 방향인가? 반대 방향인가? 내가 승무원이 아니었다면 이렇게 다녀볼 엄두가 났을까? 이런 것이 승무원만의 묘미인지도 모르겠다.

뉴스의 중심에 서서

세계 각국을 누비는 직업이다 보니 급변하는 세계정세나 여러 가지 기상이변과 자연재해도 남의 일일 수만은 없는 것이 승무원의 운명이다. 지진이나 지진해일 같은 참사가 발생했다는 뉴스가 나오면, 여지없이 고향에 계시는 부모님에게서 전화가 걸려온다. 지금 한국에 있는지, 비행을 갔으면 어디로 갔는지 여부를 확인해야 마음을 놓으실 수 있기 때문이다.

9·11같은 대형 테러가 일어나면 비상상황에 돌입하는데, 그 당시 뉴욕으로 향하던 비행기는 캐나다로 회항하여 그곳에서 공항이 오픈할 때까지 3일을 머물렀고, 뉴욕에서 서울로 출발하기로 되어 있던 승무원들은 꼼짝 못하고 호텔 방에서만 3일을 대기했다고 한다. 폐쇄된 공항이 언제 정상화될지 모르기 때문에 계속 비상대기 상태였고 바깥도 위험하여 돌아다니는 것은 상상도 할 수 없었다. 뉴욕뿐만 아니라 모

Chapter 2
여행에 관해

든 미국행 비행이 취소되었기 때문에 다른 미주 지역에 머물렀던 승무원들도 한국으로 못 돌아오고 점점 늘어가는 해외 체류시간에 마음을 졸일 수밖에 없었다.

푸껫에 지진해일이 닥쳤을 때는 높은 지대로 대피해야 하는 위기상황이었는데, 역시 훈련된 승무원들은 일반 관광객과는 달리 담요와 구급약, 비상식량 등을 챙겨 나오는 빠른 위기대처 능력을 보였다고 한다.

사스가 유행하던 시절에는 기내 서비스도 마스크를 착용하고 진행할 정도였는데, 중국에 도착하면 승무원을 포함해서 모든 승객이 체온측정을 하고 수시로 손을 소독하며 비행을 해야 했다. 동남아에서 한국인 피살사건이 일어나기라도 하면 체류 시 외출을 삼가고, 모기의 일종인 뎅기열이 자주 발생한다고 하면 벌레가 많은 곳의 야외활동은 미리미리 조심한다.

승무원이 아니라면 먼 나라에서 일어나는 뉴스에 불과한 일들이 이젠 나와 내 동료가 직접 겪을 일이기에, 세계의 모든 뉴스에 촉각을 곤두세우게 된다. 이런 일이 때론 힘들고 주변 사람에게 걱정을 끼쳐 미안하기도 하지만, 진정으로 꿈꾸었던 일이고 그 일을 하는 지금이 행복해 비행을 하면서 일어나는 모든 일들을 긍정적으로 즐기려고 노력한다.

*세계를 여행하는 우리들만의
필수 아이템*

Chapter 2
여행에 관해

세계 각국의 변화무쌍한 날씨에 적응해야 하고, '기내'라는 한정된 공간에서 일을 하는 승무원. 그래서 꼭 가지고 다니는 물건들이 있다. 선배를 따라 하나둘씩 챙기다 이제 자신만의 독특한 노하우가 생긴 우리만의 애장품 리스트이다.

1. 보온용 고무팩 휴식 시간에 따뜻한 물을 담아 꼭 껴안고 자면 뻐근했던 허리도 어느덧 풀리고 춥지도 않아 푹 잘 수 있어 좋다. 또 난방이 불충분한 호텔에서도 한기가 느껴지면 바로 물만 데워 안고 잔다. 장식 없는 고무로 된 것부터 보온 인형이라 부르는 예쁜 천으로 감싼 것까지 매우 다양한 모양이 있다.

2. 워터 스프레이 건조한 기내에선 얼굴의 수분도 금세 달아나버린다. 사막 같은 파운데이션 위에 오아시스 같은 스프레이를 뿌려주면 피

002

어쨌든 서울, 밴쿠버, 토론토, 상파울로, 두바이, 서울. 무슨 '서울 대전 대구 부산 찍고' 하는 노래도 아니고, 지구 한 바퀴를 훌쩍 돌아왔다. 이게 지구 자전 방향인가? 반대 방향인가? 내가 승무원이 아니었다면 이렇게 다녀볼 엄두가 났을까!? 이런 것이 승무원만의 묘미인지도 모르겠다.

부의 갈증도 어느 정도 해소된다.

3. 압박 스타킹 승무원은 오랫동안 서 있어야 하기에 다리에 무리가 가게 마련이다. 그래서 다리가 붓는 것도 덜하고, 하지 정맥류도 예방하며 피로감도 덜어주는 압박스타킹을 이용한다.

4. 안티 박테리아 크림 물이 없어도 손을 씻을 수 있고 박테리아까지 제거되는 크림이다. 급하게 손을 씻어야 할 때나 일하는 중간 중간에 한 방울씩 묻혀 비비면 손이 깨끗해지는 것은 물론이고 기분까지 상쾌해진다.

5. 휴대용 약통 건강관리에서 둘째라면 서러운 우리들. 자기 몸은 스스로 챙긴다. 종합 비타민부터 홍삼환까지, 칸칸이 들어 있는 알록달록한 약들이 예뻐 보이기까지 한다.

6. 인공눈물 렌즈를 끼지 않아도 장시간 비행에 눈이 충혈되는 경우가 많다. 건조한 눈에 인공눈물은 필수!

7. 핸드크림 독일에서 파는 특정상표의 유명한 핸드크림. 손 씻을 때마다 옆에 있는 동료에게도 한 번씩 발라준다. 립글로스만큼 꼭 필요한 아이템.

8. 여러 가지 타입의 자외선 차단제 열 시간이 넘는 비행 후 도착한 공항은 여전히 대낮이다. 출발 전에 바른 자외선 차단제는 이미 얼굴에 흡수되었거나 날아갔다. 이럴 땐 스프레이 타입이나 파우더 타입의 자외선 차단제를 발라주고 내리는 센스!

9. 멀티 어댑터 노트북, MP3, PMP, 휴대전화 충전기 등을 위해서 꼭 준비한다. 110볼트 전압을 사용하는 나라도 많고 모양새도 각기 다르

다. 구멍이 세 개인 것도 있고, 삼각형 모양으로 뚫려있는 곳도 있다.

10. 로밍 폰 화소나 화음이 좀 떨어져도, 디자인이 좀 마음에 안 들어도, 일단 로밍이 잘 되는 게 관건이다. 현지에서도 서로 연락이 가능해진 요즘은 쇼핑하다 헤어져도 두려울 게 없다. 통화보단 문자메시지를 더많이 애용하는 '알뜰녀'지만 로밍 폰은 기본.

11. 여분의 스타킹 일이 안 풀리는 날은 스타킹 올이 두 번 나가기도 한다. 언제 어느 상황에서 당황스러운 일이 발생할지 모르기 때문에 항상 여분을 가지고 다닌다.

12. 헤어스프레이 출근 전 이리 빗고 저리 빗어 정성들여 정리해놓은 머리카락도 정신없이 일하다 보면 어느새 탈출해 한 가닥이 빠져나와 있다. 바로 화장실로 달려가 탈출을 봉쇄하고 단정한 승무원으로 거듭난다.

이밖에도 많은 것들이 승무원들의 가방 한구석을 차지한다.

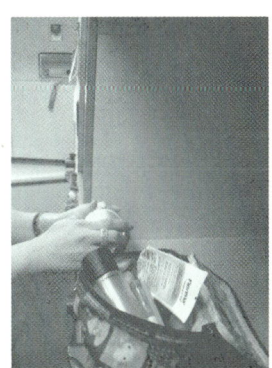

*타슈켄트에서
체리로 관장을 하다*

우즈베키스탄의 수도인 타슈켄트까지는 보통 7시간이 소요된다. 보통 동계스케줄일 때는 두 팀을 꾸려 비행을 한다. 한 팀은 서울에서 타슈켄트까지 비행근무를 하고, 다른 한 팀은 손님 좌석에서 쉬며 간다. 돌아올 때는 쉬었던 팀이 비행근무를 한다. 유난히 눈이 많이 내리는 타슈켄트의 겨울은 아쉽지만 늘 비행기 안에서만 감상하곤 했다. 여름이 되면 타슈켄트에서 체류할 수 있는 하계스케줄로 바뀐다. 짧게는 하루, 길게는 이틀 정도를 현지에서 머물 수 있는 것이다. 열 번도 넘게 타슈켄트 비행을 했지만 매번 겨울에 왔던 터라 그 나라의 공기 한번 제대로 마시지 못하고 돌아와야 했다. 그러다 하계스케줄로 바뀌게 된 지 몇 달 지나지 않아 타슈켄트에 머물 기회가 왔다. 드디어 우즈베키스탄이라는 나라에 정식으로 첫 발을 들여놓게 된 것이다.

관광객들에게 그 나라는 물가가 싸다는 것이 제일 큰 장점이다. 1달

Chapter 2
여행에 관해

러가 1300숨인데, 국립발레단 공연을 3000숨(약 2.5불)에 볼 수 있다면 얼마나 좋겠는가? 좋은 기회였지만, 일정이 짧아서 도시 전체를 다 둘러볼 순 없었고 일단 거기서 제일 큰 재래시장에 갔다. 여름이라 체리가 제철과일이었다. 다들 알다시피 우리나라에선 체리가 무척 비싸다.

 승무원의 특권 중 하나가 자국에서 잘 못 먹는 것들을 현지에서 신선하고 저렴하게 먹을 수 있다는 것이다. 나는 앞으로 다시는 못 먹을 것처럼 체리를 한바구니 가득 샀다. 체리는 섬유질이 많아서 변비에 좋은 과일로 손꼽힌다.

 마침내 호텔에 돌아온 뒤 체리를 씻어 정말 맛있게 먹었다. 이걸 싸가서 가족들과 먹으면 정말 좋을 텐데. 하지만 과일은 무조건 반입금지 품목이다. 혼자 맛있게 먹는 게 죄스럽게 느껴진다. 남기는 것도 미안해 배가 불렀음에도 다 먹어치웠다. 아니나 다를까, 밤에 몇 번이나 화장실을 갔는지 모르겠다.

 다음날 업무시간이 되어 승무원들이 모였는데, 다들 안색이 좋지 않았다. 잠을 못 자서 그런가 하던 중 한 후배가 "선배님, 저 체리로 관장했잖아요!" 하고 말하는 게 아닌가. 모두 동감의 웃음을 터트렸다. 한바탕 웃고 그 비싼 체리로 관장할 수 있는 타슈켄트에 대한 애정을 느끼며 다시 한국으로 출발했다. 이제 우리에게 체리와 관장은 타슈켄트의 특별 이벤트이다.

프랑크푸르트에서 즐기는 가을 산책

한국 시각으로 오후 1시 30분. 프랑크푸르트 현지는 아침 6시 30분. 열한 시간의 비행을 마치고, 어제 저녁에 도착해 침대로 빨려 들어가듯 쓰러져 자고 일어나 시계를 보았다. 아직 동이 채 트지 않아 밖은 어두운데, 내 몸은 한국 시각으로 배고픈 점심때다. 식사하기 30분 전, 귀염둥이 막내가 전화로 선배들을 깨워주고 우리는 약속한 시각에 식당으로 내려간다.

식당 입구에 들어선 순간 식당 안에 비치는 햇빛 속에 화사한 동료들의 얼굴이 마치 음성을 죽인 영화의 한 장면처럼 예쁘게 눈에 들어온다. 어제 유니폼을 입은 단정한 자태들은 어디로 갔는지……. 다들 화장기 없는 얼굴에 자연스레 흘러내린 머리, 청순함을 가장한 자다 일어난 모습을 한 채 이런저런 비행 얘기로 웃음꽃을 피우며 둘러앉아 아침을 먹고 있다.

Chapter 2
여행에 관해

프랑크푸르트 호텔 주변엔 아침식사를 할 만한 다른 식당이 없는 데다, 한국 시각으론 점심을 넘긴 때라 대부분의 승무원들이 호텔 뷔페가 문을 여는 순간부터 식당을 점령한다. 매일 같은 시각에 20여 명(보통 하루에 두 팀이 체류한다)의 승무원이 비슷한 분위기로 식사를 하기 때문에 이젠 호텔 직원들도 익숙한 모습이다.

처음엔 직원이 퉁명스럽고 표정이 굳어 있어서 우리가 너무 일찍 오거나 너무 많이 먹어서 화가 난 줄 알았는데, 그들은 접시를 치우거나 손님을 대할 때 애써 밝은 표정을 짓지 않는다고 한다. 그냥 일을 하는 중이며, 친절해야 한다는 강박 관념이 없어서 억지웃음을 짓지 않을 뿐 무표정하다고 해서 화가 난 것은 아니다.

비록 달걀과 빵, 커피와 주스만 있는 아침이지만 다들 허겁지겁 뚝딱뚝딱 접시를 비운다. 내숭떨지 않고 잘 먹는 그들을 보고 있으면 마치 내가 엄마라도 된 듯 흐뭇하다. 힘들었던 지난 비행 이야기, 요즘 회사 이야기, 남자 친구, 유행하는 화장품, 새로 산 핸드폰, 여행 갔다 온 이야기 등등, 먹으랴 말하랴 웃으랴 쉴 새 없이 입을 움직이며 아침을 즐긴다.

식사가 끝나면 오늘 일정을 계획한다. 프랑크푸르트가 처음이거나 친한 동기끼리 오면 하이델베르크, 로텐부르크 등의 근교를 여행하고 그렇지 않다면 시내에 나갔다 오는 정도이다. 나는 10월의 프랑크푸르트를 느껴보고 싶은 마음에 마음 맞는 선배들과 산책로를 따라 시내까지 걸어가 보기로 한다.

프랑크푸르트는 한국보다 훨씬 차가운 날씨다. 호텔 문을 나서는 순간 상쾌하다고 하기에는 꽤 쌀쌀한 기운이 느껴져 당황한다. 그래도 청량한 공기 덕에 머릿속이 맑아지는 것 같아 기분이 좋다. 호텔 옆 골목을 빠져나가면 마인 강 지류를 따라 산책로가 이어진다. 서너 사람 정도가 지날 수 있는, 폭이 그다지 넓지 않은 흙길에 양 옆으로는 나무와 잔디밭이 있는 그야말로 산책로다.

서울에선 비행한다고 어영부영 하다 보면 단풍 구경 한번 못하고 가을을 넘기는 경우가 많은데, 이를 보상이라도 하듯 알록달록한 가을 나무들이 우리를 맞아준다. 이름 모를 샛노란 나뭇잎은 이국적이고, 잔디는 초록빛인데 그 위에 단풍잎만이 마치 다른 색깔 색종이를 뿌려 놓은 듯 떨어져 있어 그 조화가 절묘하다. 꽤 많은 사람들이 걷거나 뛰고, 유모차를 끌고 산책을 한다. 우리도 그 속에 섞여 여기 사는 사람인 양 여유를 즐긴다.

빡빡한 일정의 패키지로 오는 유럽여행에서는 좀처럼 하기 힘든 일이다. 산책하기로 한 건 탁월한 선택이었다고 우리는 입을 모으며 오랜만에 자연을 느낀다. 바쁜 비행 중에는 할 수 없었던 개인적인 얘기들, 지난 학창 시절 얘기들, 이런저런 고민과 평소엔 말하지 않던 가슴속 생각들을 나누며 서로 몰랐던 부분을 알게 되고 마음도 풍요로워진다.

얘기하고 깔깔거리고 사진도 찍으며 가느라 그냥 걸으면 시내까지 한 시간 남짓한 거리를 우리는 한 시간 40분이 걸려서야 도착했다. 뢰머 광장을 지나다 결혼식도 구경하고 언 손과 몸을 녹여줄 예쁜 카페도 찾는다.

카페에 가는 길에 갓 튀겨낸 뜨거운 웨지 마요네즈를 사서 한 손에

Chapter 2
여행에 관해

챙겨드는 것도 잊지 않는다. 프렌치프라이보다는 조금 두꺼운, 삼각형 모양으로 길게 자른 감자튀김인데, 튀긴 것을 마요네즈에 찍어 먹으면 무지 느끼할 것 같지만, 의외로 고소한 맛에 반해 시내에 나올 때면 빠지지 않고 먹는 메뉴가 되었다. 시내가 한눈에 보이는 7층 카페에서 따뜻한 커피 한 모금을 마시며 몸을 녹이는 순간, 이 일을 그만둘 때에는 정말로 큰 용기가 필요하겠구나 하는 생각이 든다.

촉촉한 손을 위한 핸드크림을 사고 저녁을 먹고 호텔로 돌아오는 단순한 일정이지만 일상에서는 자주 느낄 수 없었던 여유를 갖는 소중한 시간이다.

푸껫에서 쓰나미를 만나다

다른 나라의 사건 사고를 뉴스를 통해 늘 보고 듣지만 현장에서 사고를 겪은 경험이 있다면 전혀 다르게 느껴질 것이다. 내게도 직접 겪지 않았다면 그저 국제 뉴스에 지나지 않았을 사연이 있다.

4년 전, 1년 중 두 번만 가능한 자유로운 비행 스케줄을 나만의 크리스마스 휴가를 위해 고이 아껴두었다. 결혼한 승무원은 대부분 설이나 추석과 같은 명절에 쉬기 위해, 싱글인 승무원은 크리스마스나 연말에 서울에서 사랑하는 사람들과 따뜻한 연말을 보내기 위해 스케줄을 신청한다. 남자 친구가 없는 나는 크리스마스에 서울에 있어 봤자 방에서 시체놀이를 할 것이 뻔해서 차라리 크리스마스를 해외에서 보내는 게 낫겠다고 생각했다. 추운 겨울을 피해 따뜻한 나라에 가서 쉬고 싶기도 했고 한해를 정리하면서 반성도 하고, 또 다가올 한해의 계획도 세우고……

어떤 비행 스케줄로 갈까 고민하다가 당시 승무원들이 가장 선호하는 휴양지인 푸껫 5박6일이라는 환상의 비행을 신청하기로 했다. 다행히도 신청이 받아들여졌고 12월 스케줄이 멋지게 장식되었다.

푸껫에 같이 가는 동료 두 명은 가족과 동반하여 떠난다고 했다. 왠지 죄송스러운 마음에 부모님께 여쭈었더니 연말 모임도 있고 몸도 좋지 않다며 거절하셨다. 그렇다면 원래 계획대로 나 혼자 갈 수밖에……. 출발 전날 5박6일의 비행을 위해 짐을 꾸렸다. 여름 옷, 샌들, 읽을 책, 일기장, 수첩, 수영복, MP3 등. 첫 푸껫 여행이라 내 가방 짐의 절반은 '설렘'이었다.

겨울철 성수기다 보니 비행기는 만석이었다. 대부분 가족·단체 여행객이었다. 손님도 들떠 있었고 기내 분위기는 화기애애했다. 여섯 시간 동안 머리카락을 휘날리며 발에 땀이 나도록 열심히 일을 했다. 그리고 푸껫이라는 휴양지에 도착! 우리 숙소는 바통 비치에서 언덕으로 15분 정도 올라가는 곳에 있었다. 이 시간부터 나만의 휴가란 생각을 하니 가슴이 확 트였다.

긴 일정이어서 이틀은 같이 온 동료들과 계획을 짰다. 첫날은 다운타운에 가서 식사를 하고 다음날 다녀올 투어를 예약했다. 둘째 날은 현지 투어를 하고 마지막 날은 각자 시간을 갖기로 했다. 디카프리오가 영화를 찍었다던 피피 섬에 갈까, 아님 제임스 본드 섬에 갈까 갈등하다가 우리는 제임스 본드 섬으로 목적지를 정했다.

동료들과 정말 여유롭고 즐거운 시간을 보냈다. 원주민들의 순박한 친절함에 감탄하기도 했고 배를 젓는 어린 나이의 소년들이 햇볕에 그

을려서 피부가 벗겨지는 걸 보고 안타까운 마음도 들었다.

　섬은 눈이 부실정도로 아름다웠다. 오랜만에 보는 바다와 바람이었다. 같이 비행기를 타고 온 승객도 간간히 보였다. 사복을 입고 소위 말하는 '쪽머리'를 풀면, 승객들은 우리가 승무원인지 잘 모른다. 가끔 알아보는 분도 있는데 그때는 "저희도 놀러왔어요." 하고 반갑게 인사한다. 투어를 마치고 바통 비치에서 맛있는 해산물 요리를 먹고 가볍게 술도 한 잔씩 했다.

　그렇게 이틀의 시간이 지나고 이제 마지막 날. 숙소 수영장에서 책도 읽고 혼자 푹 쉴 계획이었다. 그러다 투어 일정이 피곤했던지, 잡고 있던 책이 지루했는지 스르륵 잠이 들었다.

　한참 동안 깊이 잤던 것 같다. 밖에서 나는 누군가의 고함 소리에 잠이 깼다. 옆 객실에서 싸우는 소리 같기도 했고 1층 수영장에서 나는 소리 같기도 했다. 비몽사몽인지라 눈을 껌뻑이며 화장실에 가려고 하는데 이번에는 더 큰 비명이 이쪽저쪽에서 들리기 시작했다. 이상하다 싶어서 커튼을 치고 베란다에 나가 보니 1층의 예쁜 수영장이 흙탕물이 되어 넘쳐흐르고 구조물은 뭔가에 의해 부서져서 난장판이 되어 있었다.

　수영하던 사람들은 다쳤는지 절뚝거리기도 하고, 다른 이들은 이리저리 뛰어다녔다. 그때만 해도 나는 호텔 내 시설에 뭔가 문제가 생겨서 그러는 줄 알았기에 별로 심각하게 생각지 않았다.

　내 방은 4층이었는데 이번에는 복도 쪽에서 비명을 지르며 뛰어다니는 소리가 났다. 그리고 누군가가 내 방을 두드리는 소리가 들렸다. 갑자기 예삿일이 아니라는 생각이 들었다.

잠옷차림으로 방문을 열고 나가 보니 이게 웬일인가. 호텔을 둘러싸고 있었던 멋진 조경들은 무너졌고 투숙객은 무리를 지어서 어디론가 급히 뛰어가고 있었다. 그때 투숙객이었던 유럽인들이 하는 말을 알아들을 수는 없었지만, 나도 모르게 그들을 따라 나섰다.

그렇게 한참을 가는데 갑자기 눈앞에서 엄청나게 큰 해일이 이는 게 아니겠는가! 순식간에 나를 삼킬 듯한 그것은 높은 야자수며 잘 일궈놓은 조경을 앗아가 버렸다. 난생처음 본 해일이었다. 직접 보지 못한 사람에게는 그 끔찍한 무서움과 놀라움을 설명할 길이 없다. 〈허리케인〉이라는 영화를 아이맥스극장에서 본다면 그때 기분을 10분의 1쯤 이해할 수 있을까?

그 와중에도 캠코더를 가지고 찍는 유럽인들을 보니, 그걸 여유라고 해야 할지 아니면 카메라를 너무 사랑한다고 해야 할지. 어쨌든 난 죽었다 깨어나도 저런 여유는 가지지 못할 것이다.

어제 늦게 잠든 사람들은 아무것도 모르고 아직도 자고 있을지 몰랐다. 난 빨리 동료들에게 연락해야겠다는 생각이 들어 다시 방으로 달렸다. 마음이 다급해졌다. 이제 어떻게 해야 하지?

고맙게도 푸껫 비행을 담당했던 외국인 기장님이 직접 승무원들의 방을 일일이 다 찾아다니며 비상사태니 4층 옥상으로 대피하라고 하셨다. 허겁지겁 4층으로 가니 이게 무슨 일인가, 하며 놀란 가슴을 안고 사람들이 하나둘 모이기 시작했다.

숙소에서는 어떤 상황인지 방송도 없었고 어떻게 해야 한다는 조치도 취해지지 않았다. 호텔직원은 짐을 싸들고 다 어디론가 간 것 같았다. 이젠 우린 어떡하지? 서로 걱정스러운 눈빛만 오갈 뿐 말이 없었다.

한참 그렇게 있다가 한 분이 정보를 가지고 오셨다. 해일이 일어 바통 비치는 다 물에 잠겼고 우리는 고립상태에 있다고 했다. 다행히 우리 숙소가 높은 지대에 있어서 피해가 크지는 않지만 또다시 해일이 일지 모르니 지금보다 더 높은 곳으로 대피해야 한다는 소식이었다. 해일이 다시 일다니? 아까 본 것보다 더 큰 해일이 올까? 언제 발생할지, 얼마만큼 큰 위력을 가지고 올지 아무도 예상할 수가 없었다. 생각만 해도 끔찍했다.

지구가 내일 멸망한다면 당신은 인생의 마지막 순간에 무엇을 하겠는가, 이런 질문은 많이 받아봤다. 그땐 낭만적으로 나의 '버킷리스트'를 하나하나 열어보며 내가 할 수 없었던 일을 후회하기도 하고 내 인생 최고의 순간을 떠올리고 기뻐하기도 하면서 사랑하는 사람과 함께 남은 시간을 차분히 보낼 것이다, 뭐 이런 식의 대답을 하곤 했다.

그러나 1초 후에 죽을지도 모르는 순간을 막상 마주하자 나는 사랑하는 사람이고 뭐고 그저 내가 알고 있는 모든 신들, 하나님, 부처님 생각밖에 나지 않았다. 두 손을 꼭 모으며 다시는 해일이 일지 않게 해달라고 빌었다.

그렇게 간절히 기도해본 적은 한 번도 없었다. 2차 해일이 온다면 나는 물에 떠내려갈까? 그럼 뭐라도 잡고 있어야 되지 않을까? 뭘 잡아야지 살까? 바다로 떠내려갈까? 그럼 춥지 않을까? 〈타이타닉〉처럼 동상에 걸려서 죽을까? 별별 무서운 상상을 다 들었다.

Chapter 2
여행에 관해

섬은 눈이 부실정도로 아름다웠다. 오랜만에 보는 바다와 바람이었다. 같이 비행기를 타고 온 승객도 간간히 보였다. 사복을 입고 소위 말하는 '쪽머리'를 풀면, 승객들은 우리가 승무원인지 잘 모른다. 가끔 알아보는 분도 있는데 그때는 "저희도 놀러왔어요." 하고 반갑게 인사한다. 투어를 마치고 바통 비치에서 맛있는 해산물 요리를 먹고 가볍게 술도 한 잔씩 했다.

막연히 두려움에 떨며 한두 시간이 지났다. 또 누군가 정보를 가져왔다. "일단 해일은 잠잠해진 걸로 추정되고 얼마 후 여진이 있을지 모른다. 여진이 일어나면 호텔 4층도 위험하니 여기서 나가 높은 산으로 대피해야 한다"라는 것이었다. 당장 위험은 피해서 다행이지만, 아직도 끝나지 않았다니 살얼음판을 걷는 기분이었다. 언제까지 이 상황이 계속될지……

우리는 각자 방으로 들어가서 정말 중요한 짐만 챙겨서 나오기로 했다. 재빨리 준비를 마치고 5분 후에 호텔 로비에 모였다. 투숙객에 섞여서 무거운 발걸음으로 힘겹게 산을 올라갔다. 몇 시간 동안 너무 많은 긴장을 한지라 몸도 무척 피곤했다.

한참 올라가니 벌써 해는 지고 어둠이 깔리기 시작했다. 살 만해졌기 때문일까? 목도 마르고 배도 고프기 시작했다. 다들 그랬는지 가방에서 뭔가를 주섬주섬 꺼내기 시작했다. 살펴보니 호텔방 미니바에 마련해둔 초콜릿이며 땅콩 같은 비상식량이었다. 승무원들은 항공기 비상착륙을 대비해 공부를 한지라 어딘가를 탈출할 때 식량을 반드시 챙겨야 한다는 것을 알았다.

위기상황에 닥치자 역시 교육의 힘이 발휘되었다. 그뿐 아니라 각자의 가방에는 추위를 견디기 위한 타월과 약품도 있었다. 우리는 그걸 보며 잠깐이나마 웃을 수 있었다. 역시, 우린 강한 승무원이구나!

어느 정도 시간이 지나고 누군가 해일은 잠잠해졌다는 소식을 전했다. 그제야 모두 어디론가 뿔뿔이 흩어졌다. 어느 여행사의 가이드는 위험을 무릅쓰고 바통 비치에서 그 높은 산까지 와서 여행객을 찾고 있었다.

"○○ 여행사에서 오신 ○○ 씨! 안 계십니까?"

우렁찬 목소리가 울려 퍼졌다. 물론 그 사람의 의무이긴 하지만 목숨을 걸고 손님을 찾아 나섰다는 사실에 왠지 가슴이 뭉클해졌다.

그 뒤 우리는 가까스로 바통 비치의 경찰서를 찾았고 거기에서 잠시 쉴 수 있었다. 경찰서에서 해준 건 없었지만, 그래도 경찰의 보호를 받는다고 생각하니 이내 안심이 되었다. 하여튼 우여곡절 끝에 우리는 초췌해진 몰골로 푸껫 공항으로 돌아갔다. 공항에서 간신히 집에 전화를 했다. 부모님 목소리가 너무너무 듣고 싶었고, 살아서 돌아왔노라 소리 지르고 싶었으며, 사랑하고 정말 열심히 살겠다는 등 하고 싶은 말이 너무 많았다.

전화 교환원을 통해 연결을 하는 동안 가슴이 터질 것 같았다. 다행히 가족들은 회사의 연락으로 내 안부를 알고 있었고 어머니는 목소리를 듣자마자 괜찮느냐고 물어보시곤 이내 울음을 터트리셨다. 나도 어머니 목소리를 들으니 지금껏 참았던 울음이 터져 나왔다.

사랑하는 가족이 최고구나. 빨리 집에 가고 싶다는 생각을 하며 비행기에 올랐다. 푸껫에서 서울로 오는 다섯 시간의 비행 동안, 누가 업어가도 모를 정도로 깊은 잠을 잤다. 눈을 뜨니 인천 국제공항이었다. 공항은 기자, 취재진들로 둘러싸여 난리법석이었다. 우리는 어쩔 수 없이 사복차림으로 입국 수속을 마쳤고, 회사 사람들도 입국장에 나와 우리를 맞아주었다.

인도네시아 수마트라섬에서 발생한 진도 9.0의 강진으로 발생한 이 사고는 주변국의 해안에 강한 '쓰나미'를 발생시켜 23만 명의 사망자와 500만 명의 이재민을 발생시켰다.

우리 팀이 한 명도 사고를 당하지 않고 모두다 무사히 돌아와서 너무나 다행스러운 일이지만 남아있는 사람들의 슬픔과 고통을 생각하면 아직도 가슴이 아프다.

짧은 24시간 동안 일어난 일이지만 몇 년이 지나도 내겐 생생한 기억이다. 대재앙 앞에서 인간이 얼마나 초라해질 수 밖에 없는지, 살아있음을 얼마나 감사해야 하는 지도 알았다.

제임스본드섬에서 보았던 배를 젓던 푸껫의 소년들을 다시 보고 싶다. 지끔쯤 상처가 다 아물었다면 좋겠다. 슬픔을 뒤로 하고, 희망의 노를 힘차게 젓고 있다면…… 좋겠다.

승무원이 추천하는
이런 곳 어때요?

승무원 추천 맛집

1. 호치민 시의 쌀국수집 〈pho24〉 베트남의 프랜차이즈 쌀국수집. 베트남 뿐만 아니라, 인근 나라에도 〈pho24〉 지점이 있다. 강한 향미를 대중적인 맛으로 순화시켜 현지인보다 외국인들에게 더 인기가 많다. 진한 국물에 우리나라 칼국수 같이 넓적한 면이 특징이다. 2~3달러로 라지사이즈 안심 쌀국수를 먹을 수 있다. 에피타이저로 새우와 야채가 들어있는 스프링롤과 망고주스를 곁들이면 더할 나위 없이 행복해진다.

2. 방콕의 〈쏨분〉 방콕 시내에 총 4개의 체인점을 가지고 있는 씨푸드 레스토랑이다. 푸팟 뽕 까리(커리크랩)에 해산물 볶음밥을 시켜, 게를 발라먹고 나서, 소스에 밥을 비벼먹으면 그야말로 일품. 즉석에서 구워주는 바비큐 새우도 정말 맛있다 / 쑤리 웡 지점.

3. **싱가폴 〈점보 레스토랑〉** 체인이 상당히 많으나 리버사이드에 위치한 〈리버워크〉점을 추천한다. 맛있는 칠리 게요리를 먹을 수 있다. 다른 지점보다 깔끔하고 승무원 DC도 가능하다.

4. **방콕 〈코카〉** 수끼를 한국인 입맛에 맞게 즐길 수 있다. 풍부한 해산물과 독특하면서도 매콤한 소스 맛이 일품. 꼭 새우튀김이랑 수박주스와 함께 곁들여야 함. 승무원 DC 가능하고 승무원이 오면 마늘을 많이 줘서 한식 같은 국물을 우려낼 수 있다 / 씨암 스퀘어.

5. **샌프란시스코의 〈치즈케이크 팩토리〉** 미국 전역에 퍼져있는 프랜차이즈 레스토랑 겸 베이커리다. 특히 샌프란시스코의 〈치즈케이크 팩토리〉는 백화점 꼭대기 층에 있어 야외에서 식사를 즐기면서 샌프란시스코의 도시 전경을 바라보는 즐거움도 맛볼 수 있다 / 유니온 스퀘어의 메이시스 백화점 8층에 위치.

6. **샌프란시스코의 〈스시 보트〉** 일식당이지만 사장님이 한국인이라는 설이 있는데, 한번도 사장님을 보지 못했다. 일반 회전 초밥집과 같지만 초밥이 놓인 보트 모양의 접시로 인해 〈스시 보트〉라는 이름을 얻었다. 다양한 각종 롤과 사케가 현혹시킨다 / 유니온 스퀘어 거리.

7. **샌프란시스코 〈시어스 파인 푸드〉** 아침메뉴 오믈렛부터 저녁 정찬까지 음식 맛이 훌륭할 뿐만 아니라, 1938년부터 시작한 가게라 역사와 전통이 있는 곳이다. 서비스도 훌륭하다 / 파웰 스트리트 439.

8. **LA의 〈구이목〉** 서울 보다 아주 싼 가격에 아주 질좋은 꽃게 살을 먹을 수 있다 / 한인타운 웨스턴과 4가 길.

9. LA의 〈남대문〉 LA는 한국인이 많아서 그만큼 비행 편수도 많다. 그래서 승무원들도 가장 많이 가는 도시 1위이다. LA 호텔에 도착하면 마치 친정집에 온 것 같은 느낌이 들 정도이다. 호텔 또한 한인타운에 위치해 있어 한국음식점과 한국식품이 즐비하다. LA에 가면 언제나 '고기'를 먹어줘야 하는 것이 불문율이 되었는데 이는 LA 비행이 힘들어서이기도 하지만 이 유명한 〈남대문〉이라는 고기집이 있어서 더욱 그렇다. 〈남대문〉은 그야말로 푸짐함과 싼 가격, 그리고 무엇보다 '맛'으로 승무원들에게 가장 사랑받는 식당 중의 하나가 되었다. 얇게 만든 떡쌈에 차돌박이를 살짝 구워 올려놓고 고추간장 짱아지와 함께 먹는 그 맛이 우리를 현혹한다. 이 맛을 잊지 못하는 우리들은 열심히 〈남대문〉을 찾는다 / 한인타운.

10. LA 〈앨코브 카페 앤 베이커리〉 꽃과 나무가 많은 야외정원에서 브런치를 즐길 수 있어 좋다. 한국인들이 별로 없고 외국 연예인들도 자주 볼 수 있다. 음식 메뉴와 드링크 류도 다양하며 맛도 좋다 / 힐허스트 애비뉴 1029.

11. 뉴욕의 〈스피디〉 베이글을 바삭하게 토스트해서 그 위에 두껍게 바른 크림치즈. 블랙커피와 함께 먹다보면, 어느새 중독이 되어 뉴욕 갈 때마다 먹게 되는 마약과도 같은 음식 / 맨해튼 메이시스 백화점 대각선 방향.

12. 시드니의 〈필립스 푸테 스테이크 하우스〉 승무원들이 가장 좋아하는 레스토랑 중 하나. 숙소와 가깝기도 하고 이국적인 분위기가 있다. 이곳은 정육점 같이 생긴 '프런트'에서 고기를 고르고, 돈을 지불하

승무원들이 좋아하는 음식점은 유명 여행 가이드 책에 실린 곳도 있지만 우리 스스로 찾아낸 곳이 더 많다. 우연히 누군가 들렀는데 정말 맛있었다고 하자 승무원 친목도모 사이트에 그 정보가 올라오고, 호기심으로 한두 명씩 찾아가다가 결국 단골 식당이 되는 것이다.

면 넓은 접시와 생고기를 준다. 생고기는 밖에 있는 숯불 그릴에 가져가서 직접 구워 먹는다. 샐러드 바에 있는 각종 야채와 빵, 과일 파스타 등도 자유로이 가져다 먹는다. 밖에 있는 숯불 그릴에서 고기를 직접 구워 먹는 것이 마치 야외에서 바비큐를 해 먹는 것 같아 한국에서 쉽게 해 볼 수 없는 이색적인 경험이다. 다만 두 번 이상을 가다 보면, 직접 구워 먹는 것이 약간 귀찮아지기 시작한다는 단점도 있지만, 막 구워진 스테이크에 진한 와인 한잔을 곁들였을 때의 그 맛을 잊을 수 없기에 시드니를 갈 때마다 찾는다 / 조지 스트리트 101.

13. 시드니의 핫도그집 〈해리스 카페 데 휠〉 시드니의 울루물루지역에 있는 핫도그집. 마차를 개조한 듯한 자그마한 가게. 특히, 칠리도그와 핫도그가 맛있다. 호주 달러로 4~5불 정도. 워낙 유명한 곳이라 연예인, 정치인들도 즐겨 방문한다.

Chapter **3**

생활에 관해
Life affair

승무원식 이미지 메이킹

일반적으로 승무원이라고 하면 단정한 외모는 기본이라고 생각할 것이다. 기내서비스를 위해서 깔끔한 외모가 중요하기 때문에 못생기고 예쁘고, 뚱뚱하고 날씬하고를 떠나서 단정한 이미지를 강조하는 것이다.

10년 전 신입 때의 규정은 석류색 빨간 립스틱과 빨간 매니큐어를 바르라는 것이었다. 손이 깨끗해 보이기 위해서라지만 매일 빨간색을 바르다 보니 매니큐어를 지워도 김치 담그다 온 사람처럼 빨간 물이 손톱에 배어 있을 정도였다.

그러나 모든 것이 그렇듯 유행도 바뀌고, 진한 메이크업 대신 자연스러운 화장법이 대세인 지금, 빨간 손톱과 입술은 어디서도 찾아볼 수가 없다. 모든 화장을 자연스럽게 하되 파운데이션과 아이라이너, 마스카라 등을 생략해서는 안 된다.

손톱도 두 가지 색이 넘지 않는 그라데이션이나 너무 차갑지 않은 색상을 바른다면 다 괜찮다. 단, 투명 매니큐어라도 반드시 발라야 한다는 것이 규정이다. 1mm 정도의 짧은 손톱에 투명 매니큐어를 발라도 되지만, 아무것도 바르지 않은 상태에선 비행을 할 수가 없다.

액세서리 규정도 까다로운 편이다. 학창시절 교복을 입으면 신발이나 가방 등 자유로운 부분에 많은 관심이 쏠리는 것처럼 유니폼을 입으니 그나마 개성을 표현할 수 있는 부분이 액세서리이기 때문에 종류도 많고 크기도 다양한 이들의 기준을 정해놓은 것이다.

귀고리는 갈고리 형은 금지다. 비상착륙 시 펼쳐지는 슬라이드를 찢을 수 있기 때문이다. 크기는 전체 지름이 1.5cm를 넘어선 안 되고, 길이는 3cm가 넘지 않게 하며, 소재도 플라스틱은 불가능하다. 목걸이나 팔찌도 투박하거나 서비스할 때 지장을 줄 정도의 큰 것은 안 되며, 반지는 예물 반지처럼 생긴 돌출형은 착용금지이다.

승무원 하면 모두가 떠올리는 가장 대표적인 이미지는 아마도 '쪽머리'일 것이다. 머리카락이 한 올이라도 흘러내릴세라 단단하게 묶어 말아올린 쪽머리는 승무원의 이미지에서 가장 큰 부분을 차지한다. 음식을 만지며 서비스를 하기때문에 최대한 단정하게 하기 위해서인데, 오랫동안 하나로 묶는 머리를 하다 보니 우여곡절이 많다. 잔머리 없이 머리를 묶기 위해 많은 헤어 제품들을 사용하기 때문에 스프레이나 젤 또는 왁스를 충분히 바르고 비행을 마치면 머리끈을 풀어도 머리는 풀리지 않고 그대로인 경우도 있다.

그래서 단정해 보이기 위해 머리를 혹사한 탓에 예기치 않은 탈모와 두피 트러블을 겪기도 한다. 또 이마 옆쪽으로 머리가 빠지기 때문에 화장할 때 갈색 블러셔로 그 부분을 메우는 승무원도 많다. 0.8기압인 기내에서 열려 있던 모공이 정상적인 기압으로 돌아왔을 때 닫히는 시간을 고려해, 장거리 비행 후 바로 머리를 감으면 머리카락이 더 많이 빠진다는 우리만의 믿음으로 시간차를 두고 머리를 감기도 한다.

승무원이 신는 신발은 두 종류가 있는데, 하나는 기내화이고 다른 하나는 램프화이다. 기내화는 말 그대로 기내에서 신는 편안한 신발이다. 굽이 거의 없어 편안하며, 기내에 탑승해서 제일 먼저 하는 일이 기내화로 갈아 신는 일이다. 또 비행 뒤 마지막으로 비행기를 나서기 전에 램프화로 갈아 신는다. 램프화는 기내가 아닌 이동 중에 신는 신발인데, 5cm, 7cm 두 가지 높이의 굽이 있으며 선택은 자유다.

이런 모든 유니폼과 관련된 물품은 포인트라는 제도로 지급받는다. 모든 승무원이 1년에 40점의 포인트를 받고, 본인이 필요한 아이템을 포인트를 제하고 받는 것이다. 예를 들면 램프화는 7점, 앞치마는 6점, 모자는 5점……. 그래서 연말이 되면 포인트가 없어 당황스러울 때도 있다. 건망증으로 앞치마와 모자를 잃어버리는 경우도 많고, 다림질하다가 태워버리기도 한다. 돈을 주고도 살 수 없다 보니 친한 동료에게 도움을 요청할 때도 있다.

예전에는 모든 비행 전에 유니폼의 구김이나 청결상태, 앞치마와 기내화를 비롯한 전체적인 준비상태를 검사했다. 이미지 메이킹 룸이라는 곳이 있어, 거기에서 화장도 고치고 머리도 매만지고 매니큐어도 바르고 정성껏 다린 앞치마와 반짝반짝 빛나는 기내화를 가지고 담당자에게 체크를 받는 것이다. 요즘에는 분기별로 한 번 검사 기간이 정해져 있어 그때만 정기검사를 받으면 된다. 평소에는 탑 시니어가 당일 승무원들의 상태를 체크하여 미흡한 부분은 바로 지적해준다.

유니폼을 입으면 다 비슷해 보이는지 해외에서 돌아오는 편에 탑승한 손님 중 "어! 우리가 올 때 같이 왔던 승무원이네!" 하며 반가워하는 분이 많다. 일정이 다른 게 확실한데도 말이다. 그만큼 유니폼을 입으면 개인의 개성은 줄어들고, 모두 비슷한 하나의 이미지 즉 승무원이라는 전체 이미지로 녹아든다. 같은 승무원끼리도 다음날 아침 식사를 위해 사복을 입고 화장을 안 한 채 만나면 못 알아보는 경우도 많다. 유니폼의 위력이란 얼마나 대단한지……. 유니폼과 함께 나는 어딜 가든 승무원 한 명이 아니라, 회사를 대표하는 이미지가 된다.

그래서 밤을 꼬박 샌 장기 비행을 하고 올라탄 리무진에서 잠이 들 때도 흐트러질 수 없고, 공항을 이동할 때 전화도 사용하지 않는다. 항공사는 특히 이미지가 중요하기 때문에 개인의 잘못된 행동 하나가 모든 승무원의 대표적인 이미지로 잘못 여겨지지 않도록 조심해야 한다. 그래서 똑같은 행동을 하더라도 유니폼을 입었을 때와 사복을 입었을 때가 미묘하게 달라진다.

우리나라를 비롯한 동양권에서는 아직까지 승무원이라면 날씬하고 세련된 이미지를 떠올리는 것이 사실이다. 나부터도 예쁜 동료들과 같이 비행하면 뿌듯하니 손님들은 오죽하랴. 요즘 들어 유독 자기관리의 중요성을 더 느낀다. 물론 건강이 우선이지만, 유니폼 사이로 삐져나오는 살들을 피하기 위해서 열심히 운동하겠다고 다짐 해본다.

Chapter 3
생활에 관해

001
승무원이 신는 신발은 두 종류가 있는데 하나는 기내화이고 다른 하나는 램프화이다. 기내화는 말 그대로 기내에서 신는 편안한 신발이다. 굽이 거의 없어 편안하며, 기내에 탑승해서 제일 먼저 하는 일이 기내화로 갈아 신는 일이다.

열심히 일한 당신,
쉬어라!

Chapter 3
생활에 관해

 승무원의 오프_{비행이 없는 날}는 1년에 116일을 보장받지만, 여러 가지 상황에 따라 개인차가 있으며 대부분 월평균 9~10일 정도의 오프를 갖게 된다. 건강상의 이유나 개인적인 일 때문에 오프가 필요할 때는 스케줄이 정해진 후라도 여유 인력 여부에 따라 오프를 신청할 수 있다. 필요한 날이 단거리 스케줄인 경우 사유를 적어 신청하면 스탠바이 인원의 여유가 있을 경우 선착순으로 오프를 받는다. 단, 전날 저녁 7시경이 되어야 결과를 알 수 있기 때문에 다음날에 대한 아무런 계획도 세울 수는 없다는 점은 아쉽다.

 승무원들은 스케줄 근무를 하다 보니, 한 달 단위로 나오는 스케줄표를 받아 들면 제일 먼저 장거리는 어딜 가는지, 쉬는 날은 언제인지, 새벽 비행은 몇 개나 되는지 등등에 상당히 민감하다. 컴퓨터에 의해 무작위로 짜인 스케줄이라 내가 좋아하는 노선에 주말 오프도 환상적으로 붙어 있어 입이 쩍 벌어질 만큼 좋을 때도 있지만, 연이은 새벽 비행으로 매일매일 출근하면서도 막상 비행시간은 얼마 안 되는 골치 아픈 스케줄을 받기도 한다.

스케줄은 매달 너무나 불규칙한데, 그렇기 때문에 남들 쉬는 주말에 쉬는 일정은 당연히 인기가 많다. 휴가철이나 명절을 일반 회사원처럼 쉬기란 그야말로 하늘에 별 따기고 혹 그런 승무원이 있다면 '연차휴가 신청의 달인' 정도이다. 특히 결혼 시즌이면 가장 친한 친구나 동기의 결혼식에 오프를 신청하지 못한 마음 급한 승무원들의 눈물 나는 스케줄 교환 작전이 이루어지는데, 그 문구는 대부분 이렇다.

'아무리 지저분한 퀵턴휴식 없이 바로 돌아오는 비행이라도, 어떤 스케줄이라도 다 삽니다. 제발 7일 오프 주세요!'

우정을 위해 아무리 힘든 비행도 마다하지 않는 승무원들이니, 혹시 주변에 승무원이 있다면 제발 결혼 두 달 전에는 날짜를 알려주기 바란다. 그렇게 했음에도 승무원이 결혼식에 스케줄 핑계를 대고 오지 않았다면, 그건 가고 싶지 않아서일 가능성이 크다는 사실······.

이렇게 귀중한 오프는 왜 항상 그냥 지나가는 것만 같은지 모르겠다. 나도 결혼 전, 아니 정확히 말해 아이가 없었을 때에는 피로는 잠으로 풀어야 한다는 투철한 신념으로 남들은 이미 점심을 먹고 있을 시간까지, 해가 중천을 지나 넘어갈 무렵까지 자고 또 자면서 오프를 보냈다. 시차 적응을 한다는 허울 좋은 이유가 있었고, 체력적으로도 좀 힘들었고, 오프 날은 쉬어야 한다는 강박 관념도 있었고, 그게 어느 정도

습관이 되기도 한 것인데, 지금 생각하면 그 시간들이 너무나 아까울 따름이다.

하지만 지금은 180도 달라졌다. 아무리 자고 싶어도 아침이면 "엄마, 일어나. 배고파." 하는 딸아이의 모닝콜을 들으며 어쩔 수 없이 눈을 뜬다. 밥을 잘 안 먹는 아이가 배고프다는 한마디에 내가 어제 LA에서 날아왔다는 사실도 잊어버리고 눈을 번쩍 뜬다.

전보다는 해외 체류시간이 짧아지기도 했고, 이젠 도착해서 조금만 눈을 붙이면 저녁엔 한국 시간에 맞춰 잘 수 있다. 오히려 피곤하다고 낮에 많이 자버리면 저녁에는 잠이 안 와서 시차 적응하는 데 시간이 더 오래 걸린다.

같은 오프라도 나만의 시간이 넘쳐날 땐 몰랐는데, 아이를 유치원에 보내고 갖는 나만의 소중한 시간엔 하고 싶은 일들이 정말 많다. 아이를 키우는 엄마라면 자유 시간의 달콤함을 누구보다 더 공감하리라. 그래서 가능하면 그 시간만은 나를 위해 보내려고 애쓴다. 컴퓨터도 하고 운동도 하고 마사지도 받고 친구들과 수다도 떨고······. 오후에 아이가 돌아오고 나면 늘 함께하지 못하는 미안한 마음에 여러 가지 챙겨주다가 오프는 눈 깜짝할 사이에 지나가버린다.

다른 미혼 후배들은 데이트도 하고 친구도 만나고 영화도 보고 쇼핑도 하고 가끔은 술도 한잔 하면서 기분을 푸는 오프를 보낼 것이다. 개인마다 차이가 있어 밖에 나가는 걸 귀찮아하고 집에만 있는 친구도 더러 있지만, 대부분 승무원들은 가만히 있으면 좀이 쑤시는 스타일이 많다. 요즘엔 건강관리를 비롯한 자기관리에 많은 신경을 쏟는 편이라 헬스, 요가, 수영, 테니스, 골프, 스키나 보드 등 운동을 많이 하고 대학원에 입학해서 틈틈이 공부하는 승무원도 있다.

또 취미활동에 대부분 시간을 투자하는데, 요리나 퀼트 등을 배우는 여성스러운 스타일과 와인이나 커피, 혹은 영어를 배우는 학구적인 스타일도 있다. 시간이 규칙적이지 않기 때문에 뒤쳐지지 않고 감각을 잃지 않으려고 더 열심히 하는 것이다.

다른 직장인들과 달리 주말이 아니라 주중에 쉬는 날이 많다 보니 이점도 많다. 주말이면 너무 붐벼 가기 힘든 곳을 주중에 공략하는 것이다. 주중엔 놀이공원에서 줄을 서지 않아도 되고, 영화도 예매 없이 바로 볼 수 있다. 백화점이나 마트도 주말보다는 훨씬 한산하게 이용할 수 있으며 관공서나 은행일도 여유 있게 처리하는 것이 가능하다.

그러나 오프는 뭐니 뭐니 해도 다음 비행을 위한 충전의 시간이라는 의미가 가장 크다. 비행기라는 특수한 근무 환경에서 일하는 데다 서 있는 시간도 많고 끊임없이 몸을 움직여야 하는 직업이다 보니 육체적 피로가 많이 쌓이는 게 사실이다. 그 피로를 쉬는 동안 풀지 못하면 다음 비행에도 영향을 미치게 되고, 몸이 피곤하면 당연히 밝은 미소도 나오지 않기 때문에 쉬는 날은 침대가 꺼져라 푹 자고 싶은 것이다.

동남아 노선을 다녀오면 하루, 미주나 유럽의 장거리 노선을 다녀오면 이틀이나 3일의 달콤한 오프가 기다린다. 3박4일이나 4박5일을 다녀와서 이틀을 쉬고 나면 일주일이 어느새 금방이다. 비행을 하고부터는 시간이 두 배 이상 빠르게 가는 것만 같다. 시간이 지날수록 시간의 소중함을 느끼며, 비행이 중요한 만큼 충분한 휴식의 중요성도 함께 느낀다.

Chapter 3
생활에 관해

우리 언제
또 만날까요?

"정말 즐거운 비행이었어요. 또 언제 보지? 담에 좋은 데 가면 내가 커피 살게요."

이런 약속이 과연 언제쯤 지켜질 수 있을까? 이 후배를 다시 만날 확률은 수백분의 1! 노선, 자격, 비행시간 등을 고려하여 컴퓨터 시스템은 무작위로 팀을 구성한다. 그러므로 정말 인연이 없는 사이라면, 한 10년쯤 뒤에나 다시 만나게 될 것이다.

"어? 둘 다 10년이나 비행했는데, 처음 봬요."

어색하면 어색하다고 할 수 있는, 열 명에서 스무 명의 인원이 비행을 위해 브리핑실에 모인다. 그러나 어색하거나 낯선 분위기도 잠시뿐이다. 같은 유니폼을 입고 있어서인지, 아니면 직급이나 입사연도가 가져다주는 자연스러운 서열 때문인지, 함께 비행하는 순간만은 형제나 친구 부럽지 않은 친근한 사이가 된다. 비행기에 연결되는 브리지를 걸어가면서는 어느새 남자 친구나 가족 이야기로 왁자지껄하다.

감성을 드러내야 하는 직업이기에 동료 간의 감정교류가 무엇보다도 중요하다. 만약 그날 선배나 후배가 나와 잘 맞지 않으면 다른 때보다 능률이 훨씬 떨어지는 것도 그 때문이다. 언제 또 만날지 모르기 때문에 가급적 상대방에게 좋은 인상으로 남고 싶은 심리도 생긴다.

그렇기 때문에 서로 조심하는 것은 물론이려니와 지나칠 정도로 배려하게 된다. 목적지에 도착한 후 식사를 하러 갈 때 "나는 얼큰한 한식으로 먹고 싶어."라고 말하는 사람은 거의 없다. 내심 먹고 싶은 메뉴가 있다 할지라도 다른 이의 의견을 조용히 기다리는 편이다. 한참 시간이 걸릴지라도 말이다.

"요즘도 대구에 자주 다니시나요? 대단하시다. 아이를 부산에 맡겨 놓고 쉬는 날마다 보러 가려면 힘들 텐데……."

"네에? 저 아직 결혼 안 했는데요!"

이렇게 알은체를 했다가 곤욕을 치르는 경우도 있다. 그렇다고 인맥수첩을 만들어 갖고 다닐 수도 없고, 기억장치가 뒤죽박죽된 날은 영락없이 상대에게 웃지 못할 실수를 하게 된다. 서로 닮은 사람도 많다. 컴퓨터 단말기를 들여다보고 있는데 낯선 후배가 "매니저님, 자주 뵙네요. 저는 또 시애틀 가요."라며 손을 덥석 잡는다.

그럴 때면 후배가 절대로 알아채지 못하게 이름표를 쓰윽 곁눈질한 뒤 "그러게. ○○씨와는 인연이 많나 봐. 잘 다녀와요." 하고 대답한다. 아마 나를 다른 사람으로 착각했나 보다.

몇 년 전 함께 여행을 다녀왔던 후배와 다시 비행하게 되었다. 반갑고 설레는 마음으로 브리핑실에 들어온 순간 그녀와 눈이 마주쳤다. 약간 마르고 힘없어 보이는 모습. 도대체 그간 무슨 일이 있었을까? 예전의 기억으로는 유쾌하고 밝은 사람이었는데……

같은 공간에서 일하지만 언제 다시 만날지도, 언제 처음 만날지도 모를 우리 사이! 매번 행복해하는 모습을 볼 수는 없겠지만, 모두 잘 지냈으면 좋겠다. 크고 작은 어려움이 있을지라도 현명하고 슬기롭게 대처했으면 좋겠다. 그래서 다시 만날 때 그의 좋았던 인상을, 매력을 다시 발견할 수 있었으면 좋겠다.

어느 프랑스 퍼서의 마지막 비행

싱가포르의 창이 공항 출국 심사대를 막 통과하려는 순간, 저 멀리서 흥겨운 노랫소리와 함께 환호성이 들려온다. 이게 무슨 소리일까? 공항의 엄숙하고도 분주한 분위기와는 전혀 다른, 이전에도 이후에도 들어본지 못한 소동이 너무 궁금해질 무렵 그들의 정체가 드러났다.

승무원 복장을 한 나이 지긋한 남자가 목에는 화환을 걸치고, 얼굴과 옷엔 온통 밀가루 범벅인 채 활짝 웃고 있다. 게다가 주위에는 열 명 남짓한 젊은 승무원이 빙빙 돌고 박수를 치며 노래를 부르는 것이 아닌가? 기이한 광경에 눈이 동그래진 나를 향해 그들이 돌진하듯 에워싸며 묻는다.

"어느 에어라인이세요? 지금 비행 가시는 거예요?"

"한국이요! 무슨 좋은 일 있으세요?"

"우리 퍼서객실 사무장가 오늘 마지막 비행이에요. 그래서 창이 공항을 돌며 축하해주고 있어요. 당신도 함께 축하해주실래요?"

마지막 비행……! 순간 가슴이 먹먹해지면서 미래 어느 날의 내 모습이 그의 모습과 교차한다. 내 마지막 비행은 과연 어떨까? 지금은 까마득하게만 느껴질 그날이 언젠간 오겠지. 그땐 정말 가족과 동료의 축하를 받으며 기쁨과 성취의 미소를 지을 수 있을까? 최선을 다한 자만이 지을 수 있는 당당한 미소, 숱한 사건들을 추억하는 듯 흔들리는 눈빛, 내일 새롭게 변화된 자신의 모습을 기대하는 듯한 발그레한 볼.

눈물이 났다. 내가 항공사 유니폼을 입었다는 게 너무나 자랑스러웠다. 그 늙은 퍼서는 내게 다가오더니 "저와 사진을 찍어주시겠어요? 추억으로 간직하고 싶어서요."라고 부탁했다. 그가 내 어깨를 잡는 순간 나는 진심으로 황송했다. 몇 십 년간 외길을 걸어온 그의 노고가, 보람이 내 몸을 타고 전해오는 것 같았다. 그가 손을 흔들며 작별인사와 함께 건넨 말은 이것이었다.

"Have a nice flight!"

늘 해왔고 늘 들어왔던 말이지만 정말 새롭고도 소중하게 들렸다. 저기 멀리 우리 비행기가 보인다. 로비 라운지에는 내가 태우고 갈 수많은 사람이 삼삼오오 모여 있다. 오늘따라 만석의 비행이 전혀 부담스럽지 않다. 그래! 나도 오늘의 비행을 성실하게 완수하리라. 정말 즐거운 비행이 되도록 노력하리라. 오늘이 쌓여 과거가 되고 언젠가 정말 아름다운 추억으로 남는 순간이 있을 테니까.

그렇게 마지막 비행을 마치고 난 다음날, 절대로 후회와 미련의 눈물을 흘리지 않으리라. 지금껏 내게 주신 삶에 감사하고 앞으로 펼쳐질 또 다른 삶을 기대하리라.

Chapter 3
생활에 관해

*그녀들의 못 말리는
웰빙 사랑*

승무원들은 웰빙 음식을 선호한다. 체력이 많이 소모되는 일에 종사하고 있고, 불규칙한 생활이 지속되기 때문이다. 누구 한 명이 "이 음식은 장 기능을 개선해준대."라고 소개라도 하면 모두들 부리나케 그 음식의 마니아가 되고 만다.

승무원들이 선호하는 건강음식에는 어떤 것이 있을까? 기내식 단골 메뉴인 부드러운 안심 스테이크, 스테이크와 함께 나오는 살짝 익힌 브로콜리, 빨강 노랑 파랑의 피망, 살짝 익힌 아스파라거스, 한식 기내식인 영양 쌈밥, 홍콩 비행에서만 맛볼 수 있는 왕새우 칠리소스 요리, 사이판 청정바다에서 갓 잡아 올린 참치회, 일본 호텔의 아침 뷔페에서만 볼 수 있는 고약한 냄새의 낫토······.

음식뿐 아니라 건강보조식품도 물론 필수이다. 홍삼엑기스는 기본이고, 스피룰리나, 로열젤리, 오메가3, 콜라겐, 초록 홍합, 프로폴리스, 초유, 엽산 등등. 식사가 끝나면 누군가 이렇게 외친다.

"자, 이제 약 드실 시간이에요."

그때 어떤 동료가 피로회복에 붕어즙이 최고라고 얘기한다. 이 소리를 들으니 벌써 귀가 얇아진다. '이번 환절기는 붕어즙으로 거뜬히 나 볼까나?'

Chapter 3
생활에 관해

만 미터 하늘 위의
움직이는 사무실?

승무원의 업무환경은 어떨까?

첫째, 기내는 좁고 건조하다. 일반 직장인은 일하다가 졸리고 지치면 옥상이나 바깥 어딘가로 시원한 바람을 쐬러 잠깐 나갈 수 있지만, 우리는 갈 데가 없다. 기내 공기가 너무 답답해서 어떨 때는 문을 활짝 열고 싶은 충동을 느낀다. 물론 실현 불가능한 일이지만. 아니, 실현해서는 절대 안 되는 일이지만.

아, 굳이 꼽자면 화장실 정도? 하지만 화장실에 가더라도 결국은 비닐장갑을 끼고 깨끗하게 정리하고 나오곤 한다. 치약으로 얼룩진 거울을 물수건으로 말끔히 닦고 두루마리 휴지도 삼각형으로 예쁘게 접고 화장품들을 가지런히 정리하고 마지막으로 향수 한번 뿌려주면 이상하게도 나까지 깨끗해진 것 같고 기분이 상쾌해진다. 이런 식으로 기분전환을 하는 우리는 역시…… 비행기 승무원이다.

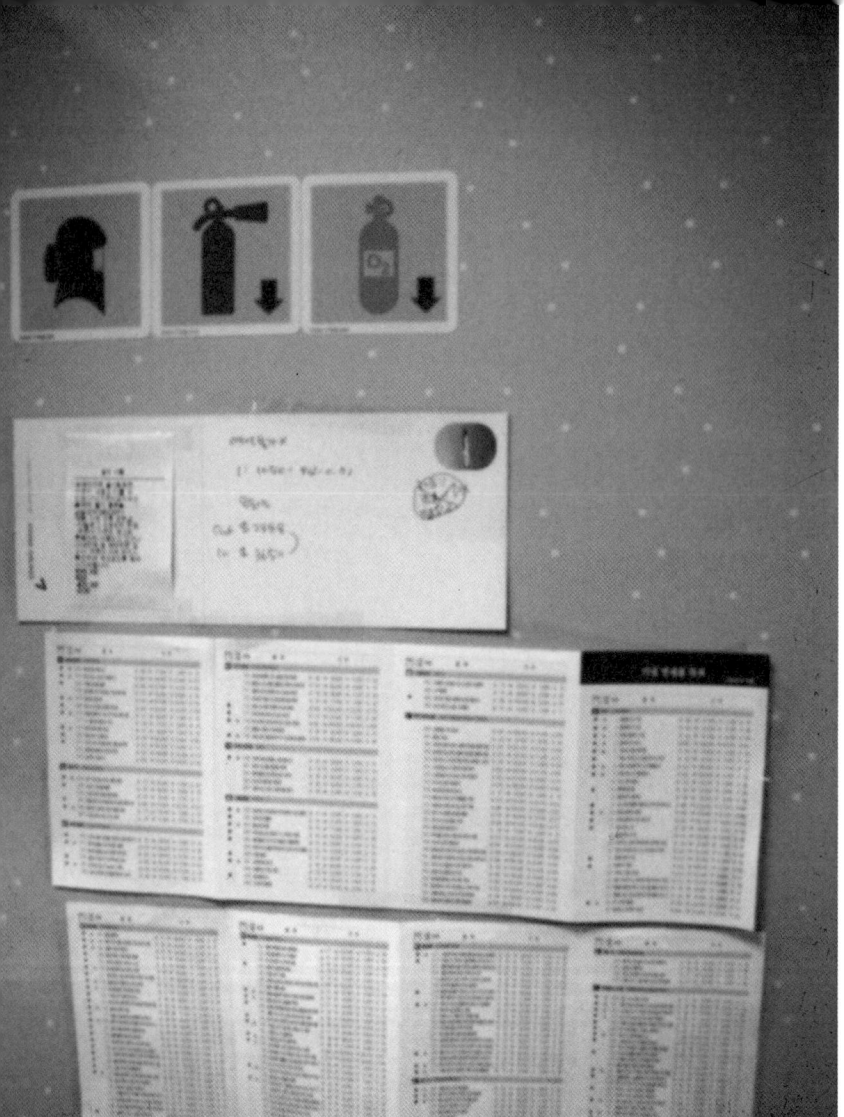

Chapter 3
생활에 관해

깊었던 기내에서 돌아오는 잠을 이기지만 여간 힘들지 않다. 맨 앞줄부터 저기 뒷줄까지 돌아다니기도 하고 못 먹는 커피어 힘을 빌리기도 하고 야박자, 모집고 동료들과 우스갯소리도 해보지만 쉽지만은 없다.

또한 기내의 건조함은 이루 말할 수가 없다. 실수로 물 한 컵을 옷에 쏟으면 30분 만에 바짝 마를 정도이다.

둘째, 정해진 시간 내에 모든 업무를 마쳐야 한다는 긴장감이 있다. 예를 들어 북경, 상하이 같은 노선은 비행시간이 한 시간 이삼십 분 정도이다. 탑재된 식사를 데우고 카트에 세팅해서 손님들에게 서비스하고, 커피·차 등의 음료를 제공하고 또 회수하고, 거기다 기내 면세품도 판매해야 하는 정말 바쁜 과정이다. 이륙 10분, 착륙 15분을 빼고 50분 정도에 이 모든 업무를 해내기란 보통 일이 아니다. 기내면세품을 구입하기 위한 주문지가 사전 두께만큼 쌓여 있는데 10분 안에 다 처리해야 한다는 생각을 하면 엄청 스트레스를 받는다.

하지만 신기한 것은 이 모든 일을 못해낸 적이 없다는 것이다. 정말이지 신기하다. 우리는 정말 슈퍼맨과 슈퍼우먼일까?

셋째, 장거리 노선에서는 밤을 새야 한다. 노선은 대부분 저녁에 출발한다. 나 같은 아침형 인간으로서는 엄청 힘들다. 그날 비행을 위해 일부러 늦게 깨려고 해도 아침 7~8시면 눈이 뜨인다. 차라리 일찍 일어나서 몸을 혹사시키고 낮잠을 서너 시간 잘 생각으로 집을 청소하고 밀렸던 빨래도 하고 운동도 하고 잠을 청한다. 그렇게 낮잠에 성공하면 좀 낫지만 실패해서 한 시간도 눈을 붙이지 못하면 비행이 몹시 힘들다.

손님들은 식사를 끝내면 영화를 보거나 잠을 청한다. 지겨운 비행시간을 견디기 위해서는 잠이 최고다. 그래서 감기약이나 술을 일부러 먹고 잠을 청하는 분도 있다.

깜깜한 기내에서 몰려오는 잠을 이기기란 여간 힘들지 않다. 맨 앞줄부터 저기 뒷줄까지 돌아다니기도 하고 못 먹는 커피의 힘을 빌리기도 하고 허벅지도 꼬집고 동료들과 우스갯소리도 해보지만 쉽지만은 않다.

이렇게 제때 잠을 못 자고 제때 식사를 못하기 때문에 시간만 나면 잠과 영양을 보충하려고 한다. 신경이 예민한 사람이라도 비행생활 10년이 넘으면 그 성격이 다 고쳐진다. 엉덩이와 등을 기댈 데가 있으면 5분 안에 잠을 잘 수 있는 엄청난 능력이 생기고야 만다.

넷째, 해외 체류 스케줄이 많으면 가족들과 본의 아니게 헤어져 있어야 한다. 결혼해서 아이가 있는 승무원이 제일 힘들어하는 부분이다. 5박6일의 스케줄이 나오면 정말이지 생이별이 따로 없다. 엄마가 화장만 해도 우는 아이들이 있다고 한다. 그렇게 우는 아이를 달래고 집을 나올 때의 아픔을 언제까지 계속해야 하나 매번 딜레마에 빠진단다.

이렇듯 승무원만이 누리는 매력들과 더불어, 그 매력을 위해 포기해야 하는 것도 또한 무수히 많다. 언제나 그렇듯 포기는 안 보일 정도로 빠르게, 매력은 최대한 좀 더 오래 누릴 수 있도록 노력해야겠지.

휴가 전쟁이 시작되다

〈공지사항〉

4월 휴가신청일: 2월 15일 오후 6시부터 2월 20일 오후 6시까지

드디어 D-day! 긴장감이 맴돈다. 이제 몇 시간 후면 치열하다 못해 허무하기 짝이 없는 전쟁이 시작된다. 누구나 달력의 빨간 날엔 꼭 쉬고 싶다. 문제는 꼭 쉬고 싶은 사람이 3천 명이나 된다는 것이다. 누군가는 비행을 해야 하고, 누군가는 해외에 있어야 한다. 그러니 경쟁을 하여 휴가를 얻어내는 수밖에!

6시가 되려면 30분 남짓 남았다. 얼굴에 난 뾰루지를 치료하러 간 나는 병원침대에 누워 안절부절못한다.

"저기요, 치료 몇 분 남았나요?"

"앞으로 사오십 분은 더 걸리겠는데요."

아! 큰일 났다.

"죄송한데, 5시 55분에 컴퓨터 좀 잠깐 쓰면 안 될까요? 5분이면 되는데……."

"네? 55분이요?"

"꼭 55분이어야만 해요."

영문도 모른 채 간호사가 고개를 갸우뚱거린다. 드디어 운명의 시간이 찾아왔다. 얼굴은 트러블 방지용 마사지 팩으로 가려져 있고, 머리는 심하게 흐트러진 데다, 옷차림은 마사지용 가운을 입은 상태.

"손님, 55분이에요. 그런데 컴퓨터가 카운터에 있어서……."

그게 무슨 상관이란 말인가? 마음이 급해진 나는 연신 괜찮다며 간호사를 따라 나섰다. 밖으로 나가니 모든 시선이 내게 집중된다.

"이야! 성공이다!"

잠시 창피했지만 덕분에 나는 원하는 날짜에 휴가를 낼 수 있게 되었다.

A양은 집에 있는 컴퓨터의 속도를 믿을 수가 없다며 근처 피시방으로 달려간다고 했다. B양은 신청 당일 마침 비행을 나가게 되었다. 염치 불구하고 동기를 붙잡고 대신 신청해달라고 사정한다.

"밥 사줄게. 꼭 해주라."

이렇게 해서 시작된 휴가 전쟁! 내 손가락이 자판을 누를 수 있는 최고의 스피드로 60명 안에 들기 위한 혈투가 시작된다. 특히 설날·추석이나 연휴기간에는 단 몇 초 만에 '신청이 초과되어 신청할 수 없습니다.'라는 메시지를 받을 수밖에 없다. 어떨 때는 사이트가 일시에 다운

되기도 한다.

전쟁 다음날이면 승자와 패자의 극렬한 대비가 이루어진다. 운 좋게 휴가를 낸 사람은 동료들의 부러움을 한 몸에 받는다. 또한 컴퓨터에 재빠르게 접속하기, '빛의 속도'로 손가락 클릭하기에 대한 노하우를 자랑스레 전수한다.

남들 다 쉬는 일요일·설날·추석·크리스마스에 휴가를 신청한 몇 십 명과 운이 좋아 쉬게 된 몇 십 명을 제외하고는, 대부분의 승무원은 하늘에서, 해외에서 명절을 보내게 된다. 휴일이나 명절에 장거리 비행이 나오면 애써 이렇게 위로한다.

"집에 있음 뭐해? 만날 결혼하라는 소리를 듣거나 전이나 부칠 건데. 차라리 비행하는 게 낫지."

말은 그렇게 하면서도 오랫동안 보지 못한 친척, 가족들의 얼굴이 새록새록 그리워진다. 크리스마스 당일에 해외에서 체류하면 정말 밥 한 끼 제대로 못 먹는다. 음식점과 상가들이 일제히 문을 닫기 때문이다. 우리끼리 그런 비행을 갔다 오면 "승무원끼리 정말 친해졌다니까요."라며 쓴웃음을 짓는다.

뭐, 우리가 있어서 하늘 길이 원활하다든지, 밤낮 애쓰는 보람으로 365일 세상은 하나라든지 하는 낯간지러운 소리가 아니더라도, 비행기가 멈추지 않고 계속 날 수 있는 게 다 우리가 열심히 일한 덕분이 아닌가 생각한다.

좋은 날 쉬기 위해 동료와 전쟁을 벌여야 하지만, 이긴 사람은 기쁜 마음으로 휴가를 즐기고 진 사람도 즐거운 마음으로 비행을 계획한다.

무기도 위협도 없는 이 즐거운 전쟁이 한 달에 한 번씩 있어서 정말 좋다. 비록 오늘 내가 승리자라도 다음번에는 기꺼이 패배자가 되어주리라.

Chapter 3
생활에 관해

승무원 공식지정 물품

입사 초기 당시 승무원들 사이에 대 유행이었던 모 브랜드의 시계가 있었다. 동그랗고 귀여운 게 유니폼에도 잘 어울리고 명품 중에서도 가격이 꽤 합리적인 편이었다. 모두가 똑같은 모양의 시계를 차고 있는 것을 발견한 신입생 A양이 "선배님, 이 시계는 어디에서 살 수 있어요?"라고 물었다. 장난기가 발동한 B선배는 "아, 이거요! 원래 유니폼과 함께 지급품 센터에서 주는 건데요. 못 받았어요? 이상하네. 당장 가서 달라고 하세요." 하고 대답했다. 순진한 A양은 지급품 센터에서 당당하게 시계를 달라고 했다는 후문이다.

이처럼 승무원들 사이에도 대 유행하는 '공식지정' 물품들이 있다. 몇 가지를 소개하자면, 비행 필수품인 '보온고무팩'이다. 허리나 어깨가 결릴 때 따뜻한 물을 넣어 대고 있으면 찜질효과도 있고, 추울 때 껴안고 자면 정말 따끈따끈하다. 고무 봉지처럼 되어 있어 뜨거운 물을 넣으면 정말 따끈따끈하다.

승무원이 일하는 공간인 갤리는 음식물을 보관하기 때문에 항상 춥다. 외국 호텔 중에도 추운 곳이 많다. 이럴 때 보온고무팩은 정말 요긴하다. 추울 때 보온고무팩을 꼭 안고 있으면 온몸이 금세 따뜻해진다. 누가 먼저 사용하기 시작했는지 모르지만, 지금은 누구나 한 개씩 장만해서 갖고 다니는 필수 아이템이 되었다.

모 브랜드의 쉬머 콤팩트도 핫 아이템이다. 웬만한 승무원의 파우치 안에는 꼭 이 제품이 있다. 쉬머 콤팩트만큼은 아니지만, 그 밖의 화장품도 만약 누군가가 써보고 좋다고 입소문을 내면 순식간에 너도 나도 다투어 같은 제품을 구입한다. 해외의 어느 장소가 좋다고 소문이 나면 문지방이 닳도록 수많은 승무원이 들락거린다. 아마 승무원 덕분에 대박난 음식점, 카페, 숍이 꽤 될 것이다.

이런 '공식지정'이 있어서 좋은 점도 많다. 수요자가 많기 때문에 공동구입이 가능하다. 승무원 커뮤니티 사이트에는 공동구입을 제안하는 글이 종종 올라온다. 또한 제품을 구입할 때 절대 고민하지 않아도 된다. 이미 사용해본 승무원들이 이러쿵저러쿵 친절한 상품 평을 많이 올려주니 말이다.

그래서일까? 결혼식장에 가서 깜짝 놀란 적이 한두 번이 아니다. 왜냐하면 승무원과 승무원 아닌 사람을 너무도 쉽게 구별할 수 있기 때문이다. 화장법과 옷의 스타일, 가방만 보고도 승무원인 것이 금세 눈에 들어온다.

앞으로 또 얼마나 많은 제품이 승무원에게 애용될 것인가? 유행에 민감한 젊디젊은 여자들이 아주 많이 모인 이곳은 언제나 '공식지정' 물품들로 가득 찰 것이다. 나 또한 유행이라는 이 안전한 조류에 몸을 맡기고 싶다. 그러다 보면 질 좋고 값싸고 유용한 것들을 맘껏 누릴 수 있을 테니까.

기내는 건조주의보 발령 중

Chapter 3
생활에 관해

항공 여행을 했던 사람들은 한번쯤 드는 의문이 있을 것이다. '왜 비행기 안은 이렇게 건조한 거야?' 기내는 지상보다 훨씬 건조하다. 외부 공기를 엔진의 열을 이용하여 적정온도로 맞추는 과정에서 수분이 기체가 되기 때문이다. 조금만 온도가 높아져도 더 건조해지기 때문에 기내 온도는 조금 쌀쌀하게 유지하는 것이 좋다.

몇몇 분은 건조한 기내를 극복하는 노하우를 우리보다 더 잘 알아서 여자 손님의 경우에는 기내에 탑승을 하자마자 아예 화장을 지우고 마스크 팩을 얼굴에 얹고 잠을 청하기도 한다. 어두운 기내에서 갑작스럽게 다가오는 마스크 팩 때문에 순간 놀랄 때도 있지만, 많은 여행경험에서 우러나온 좋은 방법인 듯싶다. 이런 점에 착안해서 어떤 항공의 한 특화 비행에서는 마스크 팩과 네일 케어 등을 서비스하고 있고 손님들의 반응도 좋다.

Caution
Close and Secure All Doors,
Drawers, Shelves, Tables and
Secure Loose Items for Taxi,
Takeoff, Landing and
Turbulence.

The Gross Weight of Any Cart or
Container, or the Combined Gross
Weights of Any Carts or Containers
When Stowed Together, Must Not
Exceed The Placarded Maximum
Contents Weight of the Compartment
Where Stowed.

Notice
Wash Hands Before Handling
r Serving Food.
o Smoking During Food
andling.

TD. Container
ust Be Stowed in Pairs
uring Taxi, Takeoff,
rbulence and Landing.

ermediate Restraint
ust Be Engaged When

003
기내는 지상보다 훨씬 건조하다. 외부 공기를 엔진의 열을 이용하여 적정온도로 맞추는 과정에서 수분이 가세가 되기 때문이다. 조금만 온도가 높아져도 더 건조해지기 때문에 기내 온도는 조금 쌀쌀하게 유지하는 것이 좋다.

나 또한 화장도 하고 어느 정도 차려입고 비행기를 타야 한다는 사고방식에서 벗어나 이젠 손님으로 비행기를 탈 때면 편한 옷차림에 마스크 팩을 준비한다.

승무원의 스케줄 중에는 패턴에 따라 손님처럼 앉아서 목적지까지 갔다가 돌아올 때는 교대로 근무를 하게 되는 경우가 있다. 이때 비행 중엔 손님처럼 사복을 입고 있다가 도착하면 곧바로 다시 유니폼으로 갈아입는다. 이런 비행에서도 마스크 팩을 붙이려는 생각을 해보았지만, 도착 전에 화장을 해야 한다는 점 때문에 시도하기는 어렵다.

놀면서 가는 비행은 어찌나 시간이 빨리 가는지. 서비스해주는 밥 먹고 영화 좀 보고 한숨 자면 금방 내리란다. 도착 직전에 승무원으로 변신하기엔 내 게으름이 피부 사랑보다 더 강하여 이번에도 나는 마스크 팩을 포기한다.

한 장거리 비행 때의 일이다. 첫 번째 식사를 서비스한 후 우리도 허기진 배를 채우고 어느 정도 정리가 되었다. 두 번째 식사가 시작되기 전까지 쉬는 시간이 정해졌다. 반씩 나누어 쉬는데, 쉬기로 한 사람들은 갑자기 분주해진다. 승무원이 쉬는 협소한 공간은 기내보다 더 건조하다. 그래서 각자 가지고 다니는 보온고무팩에 물을 붓고 타월 등에 물을 적시기 바쁜 것이다.

벙크bunk, 승무원의 휴식공간에 들어가면 우선 자리를 잡고 담요와 베개를 깐다. 재킷을 가지런히 접어두고 적셔온 타월은 머리맡에 펼쳐놓는다. 마지막으로, 추운 벙크에서 성공적인 휴식을 누리기 위해 보온고무팩을 꼭 껴안는다.

첫 번째 식사 서비스 동안 너무 피곤했던지 금세 잠이 든다. 알람시계도 없건만 정신력 덕분에 정확히 일어난다. 어두운 벙크 안에서 희미한 불빛을 찾아 시계를 본다. 이토록 정확한 시각에 맞춰 일어난 내가 기특하기까지 하다.

그새 목이 칼칼하다. 콧속도 메말라 아프기까지 하다. 머리맡에 펼쳐 놓은 젖은 타월은 다리미로 다린 듯 곱게 말라 있다. 재킷을 입고 머리를 매만진 뒤 부리나케 벙크를 빠져나와 번진 화장과 옷매무새를 바로잡기 위해 화장실로 향했다. 건조해진 피부에 수분 스프레이를 뿌려주는 것도 잊지 않았다.

이렇듯 불쌍한 피부를 위해 온갖 기지를 발휘해 보지만, 그래도 근본적인 원인을 해결하기란 쉽지가 않다. 기내 건조주의보는 언제나 해제되려나?

초짜 새내기의
벙크 침대 탈취사건

Chapter 3
생활에 관해

비행기 안에는 승무원이 쉴 수 있는 별도의 공간 '벙크'가 있다. 비행시간이 여덟 시간 이상 되는 장거리 구간에서는 승무원이 반드시 휴식을 취해야 한다. 짧게는 한 시간부터 길게는 세 시간까지 휴식할 수 있다.

두 번의 식사 서비스가 있으면 첫 번째 서비스를 끝내고 두 번째 식사를 할 때까지 시간이 꽤 남기도 하고, 승무원들의 업무 시간이 여덟 시간을 초과하면 안 되기 때문에 항공법상으로도 휴식을 취해야 한다. B747-PAX기의 벙크는 비행기 맨 뒤쪽 오른쪽 2층에 있고 B777기는 비행기 중간 오른쪽 지하에 있다. 그 외의 항공기는 승객좌석 중에 커튼을 치고 휴게실을 만든다.

이미 10년은 지난 어느 날의 일이다. 뉴욕으로 가는 B747-PAX기 비행이었다. 처음으로 타는 PAX기라 두렵기도 하고 설레기도 했다.

B747-COMBI기와 생긴 건 똑같고 비행기 뒤쪽의 화물칸을 승객좌석으로 만든 게 다르다.

만석인 손님들을 모시고 서비스를 열심히 한 다음, 손님들이 잠을 청할 즈음 우리는 식사를 했다. 끼니때를 놓쳐서인지 다들 허겁지겁 배를 채웠다. 배가 고팠다 먹으면 더많이 먹게 마련이다. 샐러드부터 시작해서 전채, 디저트 케이크까지 먹고 나자 이제야 살 것 같았다.

많이 먹고 바로 쉬면 얼굴도 몸도 퉁퉁 부을 것 같아서 선배들과 다음 서비스 준비를 하고 한참 소화를 시킨 뒤 벙크로 올라갔다. 훈련 중에 책 속 사진으로만 봤던 터라 실제로 벙크를 보는 건 처음이었다. 신기해하며 계단을 올라갔더니 깜깜한 가운데 침대 한 개가 비어 있었다. 남는 자리에서 자면 된다는 선배 말에 따라 난 1층 빈 침대에서 피곤한 몸을 누이고 달콤한 꿈나라로 향했다. 시간이 지나고 뒤척뒤척 선배들이 나가는 소리가 들리자 나도 침대를 정리하고 벙크에서 나왔다. 화장실에 가서 흐트러진 머리도 다시 손질하고 화장도 깔끔하게 고치고 갤리로 들어갔다. 그런데 선배들이 팔짱을 끼고 나만 기다리고 있었던 모양이다. 커튼을 치고 들어가자마자 이렇게 물었다.

"○○씨, 어디서 잤어?"

"벙크에서요."

"그러니깐 벙크 어디서 잤느냐고 묻는 거야."

"빈 침대 1층에서요."

선배들은 눈을 동그랗게 뜨고 날 잡아먹을 것처럼 야단치기 시작했다. 그 자리는 비행기에서 제일 탑이었던 대선배의 공간이었던 것이다.

상황은 이랬다. 벙크에는 침대가 한정되어 있기 때문에 전반부, 후반부를 나눠 쉬어야 하는데 막내였던 나는 후반부에 쉴 수 있었다. 아무것도 모르는 내가 첫 번째 휴식을 취했으니 당연히 첫 번째 쉬어야 하는 승무원이 침대에서 편히 쉬지 못했던 것이다. 서로 의사소통이 이뤄지지 않은 것이 문제였다. 나에게 먼저 쉬라고 말한 선배가 순서를 잠깐 착각했던 모양이었다. 난 이 일을 어떻게 수습하나 고민만 하다가 마음이 불편한 채로 비행을 마쳤다.

얼굴도 잘 알지 못하는 대선배님께 감히 죄송하다는 말도 한마디 못하고 그렇게 비행기에서 내렸다. 모든 선배가 나를 눈치 없고 센스 없는 막내로 여겼을 것 같고, 나를 보는 눈이 예사롭지 않은 것 같아 정말이지 고개를 들 수가 없었다. 호텔로 도착해서 선배님께 어떻게 할까 고민하다가 가지고 다니는 편지지에 편지를 썼다.

'선배님 정말 죄송합니다. 제가 미처 알지 못하고…… 어쩌고 저쩌고. 다음부터는 절대 이런 일이 없도록 하겠습니다. 선배님을 불편하게 해드려서 너무 죄송합니다.'

초등학교 때처럼 반성문 비슷한 편지를 써서 선배님 방 밑으로 살짝 넣어놓았다. 진실한 사과가 선배님의 화를 풀리게 했을까 하는 고민 때문에 뜬 눈으로 밤을 새다가 어느새 잠이 들었다.

몇 시간이 흘렀을까 눈을 떴다. 눈을 뜨자마자 또 그 일이 생각나서 가슴이 너무 답답해졌다. 그런데 방 밑에 있는 뭔가가 눈에 들어왔다. 예쁜 편지봉투에 담긴 것은 선배님의 답장이었다. 뭐 그런 걸 가지고 편지까지 썼느냐고 괜찮다고 하시고, 자신도 예전에 그런 일이 있어서 다

이해한다는 선의의 거짓말도 해주셨다. 그리고 배고프면 먹으라고 방문에 도넛까지 걸어두셨다.

난 그 편지를 눈을 비비며 두 번 세 번을 반복해 읽었고 안도의 한숨을 쉬며 몇 시간째 박혀 있던 마음의 돌덩어리를 내려놓았다. 그리고 눈물 없이는 먹을 수 없는 다디단 도넛을 생애 최고로 맛있게 먹었다.

요즘도 그 선배님을 만나면 그때 일을 웃으면서 이야기하신다. 10년도 더 지났지만 지금 생각해도 정말 아찔한 사건이다. 그리고 그 일로 친해진 대선배님과 여전히 함께 비행을 할 수 있어서 행복하다.

유니폼에 대한 우리의 로망

Chapter 3
생활에 관해

처음 이 회사에 입사 지원서를 낸 가장 큰 이유는 바로 유니폼 때문이었다. 탤런트 박주미 씨가 하는 항공사 광고는 그야말로 나의 '환상' 그 자체였다. 색동 블라우스에 리본을 풍성하게 매고, 나풀나풀 허리날개를 휘날리며……. 블라우스의 종류도 두 가지라 취향대로 골라 입을 수 있었다. 가끔 "흰색 블라우스는 어떤 사람들이 입어요?"하고 물으시면, "아무 때나 기분 내키는 대로 입어요"하고 웃었다.

나는 이 유니폼이 아주 자랑스러웠는데 어느 날 갑자기 바뀌고 말았다. 전과 비교해 밋밋해졌다는 둥, 뚱뚱해 보인다는 둥, 할머니 같아 보인다는 둥, 사실 승무원 사이에서는 아주 불만이 놓았다.

유니폼이 바뀐 지 얼마 안 되어 프랑크푸르트 비행을 갔는데, 공항에서 어떤 외국 여성이 우리를 보며 연신 '뷰티풀'을 외쳐대는 것이 아

004

유니폼을 입으면 다 비슷해 보이는지 해외에서 돌아오는 편에 탑승한 손님 중 "엔 우리가 올 때 같이 왔던 승무원이네" 하며 반가워하는 분이 많다. 그만큼 유니폼을 입으면 개인의 개성은 줄어들고, 모두 비슷한 하나의 이미지 즉 승무원이라는 전체 이미지로 녹아든다. 유니폼과 함께 나는 어딜 가든 승무원 한 명이 아니라, 회사를 대표하는 이미지가 된다.

닌가. '보는 눈은 있어서, 훗!' 내가 독일에서는 통하는 얼굴인가 하며 우쭐거리고 있는데 그분이 기어코 우리에게 말을 걸어왔다.

"어디서 오셨어요(Where are you from)?"

"한국이요(From Korea)."

"아, 그랬군요! 정말 처음 보는 아름다운 군인들이에요(Oh! Yes! Yes! I never seen a beautiful army like you before)!"

한국이라고 하면 북핵과 다리 번쩍번쩍 올리는 군대 행진을 생각하는 유럽인들의 사고방식도 한몫 했겠지만, 어찌 보면 국방색 같은 우리 유니폼의 웜그레이 warm gray 색도 이 순간만은 원망스럽지 않을 수 없었다. 그래도 유럽인에게는 우리 유니폼이 보기 좋았는지 항공사 유니폼 대회에서 대상도 탔다니 다시금 뿌듯해진다. 군인이면 어때? 예쁘면 되지!

에피소드 1
비행일기

에피소드 2
비행상식

에피소드 3
승무원이야기

오해하기 쉬운 승무원 말들!

승무원들은 별 생각 없이 하는 말이지만 일반인이 옆에서 들으면 "쟤는 뭐니?" 하며 한번쯤 눈을 흘겨보게 하는, 하지만 정말 자주하는 그녀들의 말들!

"시드니 가서 팬케이크 먹고 싶다."
도착 다음날 아침이면 95%의 승무원이 팬케이크를 먹으러 가는 아주 맛있는 곳이 있다.

"이번 달에 푸켓, 사이판, 세부, 완전 동남아로 깔아서 가기 싫어 죽겠어."
다들 관광지라 손님도 많고 비행이 아주 힘든 노선이다.

"체리가 제철인데 워싱턴 체리 먹으러 시애틀 한번 가야지?"
미국의 체리는 유난히 싸고 맛있다.

"이대 나가는 것보다 LA 베벌리힐스에 쇼핑하러 가는 게 더 빠르겠다."
서울에서는 승무원 중 엄마들은 애 보고 집안일 하느라, 아가씨들은 연애하고 친구들 만나느라 나갈 시간이 없는 경우가 많다.

"와인으로 손 씻을 사람!"
착륙 전 개봉한 와인이 남으면 모두 버리게 되어 있다.

"요즘 자꾸 살쪄서 죽겠어요."
완전 '쭉쭉 빵빵' 날씬이가 이런 말을 하면 같은 승무원이라도 열 받는다.

"제주도 갈 바엔 사이판으로 갔다 와."
항공권이 할인돼 경비가 거의 비슷하게 들기 때문이다.

"시카고 5박6일 대신 짧은 걸로 줄 사람!"
너무 긴 해외 체류는 부담스러워하는 승무원이 많다.

"이번에 LA에서 올 때 가수 OOO 탔잖아. 실물이 훨씬 낫던데!"
가끔씩 연예인이 타면 기내분위기가 좋긴 하다. 꽃미남이면 더욱 그렇지만.

최고 재수 없는 말

내 스타일 손님

까다로운 손님

이봐~ 승무원!!
벨 누른지가 언젠데... 지금 와??!
오는데 32초 걸렸어~
지금 나 무시하는 거야?

그런 게 아닌데...

손님, 자꾸 이러시면...

데이트 신청 할겁니다~

반... 반사!!

가끔은 필요한 능<!-- 구렁이 --> 대작전!!!
(구렁이)

양치기 승무원

불과 3분전 상황!

손님, 스테이크가 다 떨어져서...
솔직히 비빔밥이 정말 맛있어요.
스테이크 별루에요.
오늘 실린 고기가 좀 질기네요.

능청~

(앗! 식사의 갯수를 잘못세었다...)

손님, 스테이크 드시면 안될까요?
비빔밥이 다 떨어져서...
제가 먹어봤는데요,
스테이크가 훨씬 맛있어요.
얼마나 부드럽고 육즙이 풍부한지...
주절주절...

할 수만 있다면, 농사를 짓고 싶다.
비행기 안에서 야채도 키우고, 소도 키우고 싶다.
아~
하지만, 이곳은 풀도, 소도 자랄 수 없는
하늘 위의 섬.

NaN 뉴스

아~ 나는 오늘!
비디오 고장났을 뿐이고!
음료수 머리 위에 쏟았을 뿐이고!
발을 밟았을 뿐이고!
예약 주문한 면세품 안 싣고 왔을 뿐이고!
스테이크 다 떨어져서 못 드렸을 뿐이고!

쥐구멍이 있다면

들어가고 싶다.
하필 이럴 때,
…
첫사랑을 십 년 만에 만났다. 우이씨~

어디서 무엇이 되어도 다시 만난다

항공성 치매

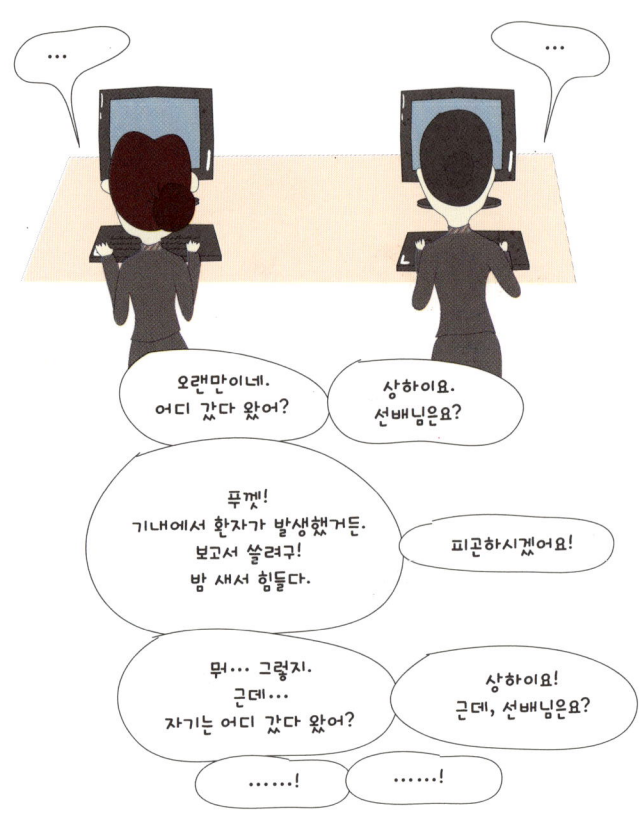

동안이 대세!

한 살이라도 어려 보이기 위한 몸부림!
모든 여자의 아니,
모든 사람들의 숙제!

당신이 대답할 때까지

안면 근육 마비

휴~
비행기 문을 닫고 들이시는 순간, 새삼 깨닫는다.
아! 맞다! 앞으로 12시간 50분동안
나의 얼굴 근육은 절대로 안 풀릴 것이다.
쟈! 이대로 뉴욕까지 고고씽~!

감추고 싶은 비밀

멋있게 보이고 싶었는데… 쩝!

무릎팍 선배님

 찌릿~

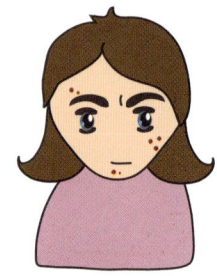

조여사님은 예민한 성격에
피부 트러블로 고민이 많으시겠어.
기내가 건조하니
생수는 떨어지지 않도록 제공해드렷!

2H 박회장님 찌릿~

박회장님은 인자하시며 성품이 유하셔.
굉장히 깔끔한 성격이시니까
기내 먼지에 주의하도록!!

척~! 보면... 딱! 안다는...
신통방통 경지에 오른... 선배님~
　　　　　　　　　돗자리 까세요.

머피는 내 친구

한 사람을 위한 방송

기내 귀신 손님

물 좀 줘.

니? 갤리 담당 귀신.
갤리에서 졸고 있는
승무원들 놀래키고 도망가지.

나?
벙크 담당 귀신.
주로 승무원들의
잠을 깨우지.

승무원 이제
일어나요오~~

아직 10분
남았다구요.

난 단지 자네가
추워보여서... 놀라게 했다면
미안허이~ 허허~

얼마전부터 뭔가
새로운 일을 찾아나선
할아버지 귀신.

BG

BJ: 선배님 식사랑 라면이랑
같이 하신답니다.
BG: 헉!!! 하지만~!
휘리릭~~

비니지스 클래스에 근무하는 승무원이라면
누구나 공감할 수 있는 오싹한 소리.
손님으로 탑승 시 저런 승무원도 있었니 히는… 그녀.
갤리라는 승무원이 일하는 공간에서
남모르게 우렁각시로 일하고 있는 그녀…의 이름은 BG.

비행기에서

이 순간에도
비행기는
계속
날아간다.
런던을 향해···

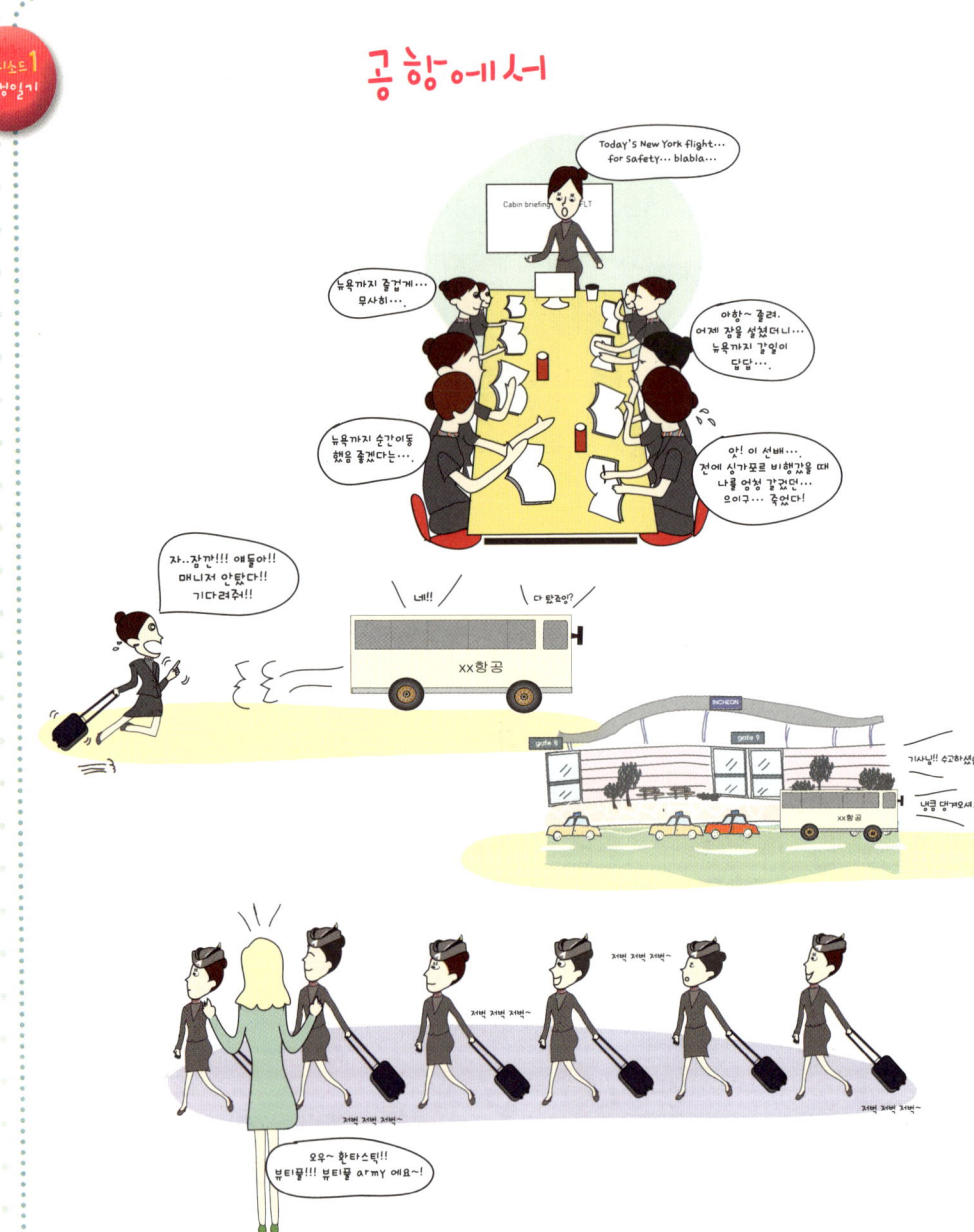

새벽 5시에 화장하고,
새벽 6시에 출근하고,
새벽 7시에 브리핑하고,
아침 8시에 인천공항 도착!
비행기에 도착하기까지
멀고도 험한 여정…!
이순간,
다시 한번 깨닫는다.
머나먼 뉴욕까지의 여정이
이제서야 시작된다는 것!

힘들겠지만,
지루하겠지만,
두렵지만
나는
힘차게 비행기를 향해
발걸음을 내딛는다.
비행에 대한 예측할 수 없는
설렘을 안고!

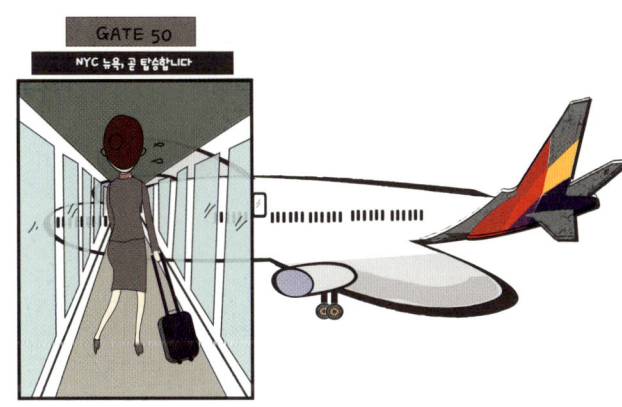

승무원에 대한 세 가지

〈승무원이 가장 무서워하는 것〉
1. 비정상 상황 (환자, 난기류, 안전사고)
2. 불만 손님
3. 지연
4. 기타의견 (예: 외국에서 밤에 깼는데 호텔방에 먹을 게 하나도 없을 때, 블랙리스트 캐빈 매니저와 함께 비행하게 되었을 때)

〈일진이 안 좋을 것 같은 예감〉
1. 처음 신은 스타킹이 '찍찍이'에 걸려 올이 나갔을 때
2. 정성 들여 손질한 손톱이 탑승도 하기 전에 부러질 때
3. 유니폼 상의 제일 아래 단추가 떨어져 나갔을 때

〈기내에서 일하며 작은 기쁨을 느낄 때〉
1. 칭송레터를 받았을 때
2. 선배님이나 매니저님에게 칭찬받았을 때
3. 내가 좋아하는 연예인이 탔을 때
4. 기타의견 (예: 예정시간보다 일찍 도착했을 때, 외모에 대해 칭찬받았을 때)

〈승무원끼리 가장 많이 하는 말〉
1. 어디 가세요?
2. 수고하셨습니다.
3. 내일 스케줄 뭐야?

〈승객이 승무원에게 가장 많이 하는 질문〉
1. 밥 언제 줘요?
2. 몇 시간 남았어요?
3. 여기가 어디예요?

승무원은 사오정

기내에는 기본적으로 엔진 소음이 있어서 나도 모르는 사이에 소리를 지르고 있기도 하다. 당연히 손님이 하는 말씀도 잘 안 들릴 때가 많은데, 그러면 잘못 알아듣고 엉뚱한 것을 가져다드리곤 한다. 또 영어를 하다 보니 아무래도 서로 소통이 안 되기도 하여 다음과 같은 웃지 못할 상황도 벌어진다.

상위 클래스에선 서비스 전 식사와 음료를 먼저 주문받는데 손님이 "시배스(seabass: 농어)"를 주문하자 승무원은 '시바스(Chivas, 기내에 탑재되는 위스키의 한 종류인 시바스 리갈)'를 가져다드렸다.

러시아 손님이 식사 도중 "밧카 주세요." 하고 요청했고 승무원은 도대체 '밧카'가 뭘까 한참 고민하다 되물었다.
"What?"
"밧카!"
"Pardon me?"
"바, 드, 카!"
알고 보니 '밧카'는 보드카였다.

원래 목소리가 작은 매니저님이 있는데, 갤리에 들어와서 뭐라고 조곤조곤 말씀하시곤 "알았지?" 하신다. 승무원들은 엉겁결에 "네, 매니저님" 하고 대답해놓곤 매니저님이 나간 뒤 다들 눈을 동그랗게 뜨고 뭐라고 했는지 어리둥절해한다. 하지만 아무도 알아들은 사람이 없었다.

바쁜 비행기

12시간 비행 후
현지에서 이틀을 쉬는 그녀들.
(승무원도 매 비행 후 법적으로
쉬어야하는 시간이 정해져 있답니다.)

비행기! 너, 쉬면 안 돼!

택시나 버스가 운행하지 않고 차고에 세워져 있으면 쓸모없는 존재가 되듯 항공기도 본연의 임무를 다하기 위해서는 늘 하늘에 떠 있어야 한다. 공항에 계류되어도 주기료를 내야 하니 날아서 돈을 버는 게 낫다.

항공기 한 대가 통상 한 달 동안 운항하는 시간은 300~400시간 내외이다. 화물기의 경우 심지어 500시간 가까이 되는 경우도 있다. 이를 하루 운항 시간으로 환산해 보면 12시간~17시간 가까이 하늘에 떠 있는 것으로, 항공기는 수명이 다하는 날까지 잠깐씩 땅위에 머물렀다가 나머지 생은 하늘에서 보낸다고 할 수 있다. 지상에서 정비, 점검시간, 손님을 태우기 위해 대기하는 시간 등을 제외하면 땅위에 세워지는 시간이 거의 없는 것이다. 예를 들어 장거리노선의 경우 서울-뉴욕 구간을 약 열네 시간 비행하고 지상에서 청소, 손님 탑승, 점검 등 약 두 시간 남짓 작업을 한 뒤 뉴욕-서울 구간을 다시 열네 시간 비행하는 형태로 운영된다.

항공사들은 항공기를 최대한 이용하기 위해 최선을 다한다. 수요가 없는데 무작정 항공기를 띄울 수 없으니 그 항공기에 최대한 손님이나 화물을 실으려는 노력은 지금도 치열하게 진행되고 있다.

비행기 세차

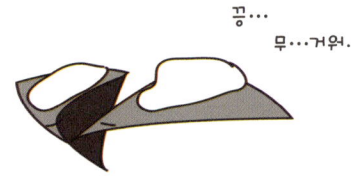

눈이 오면 비행기가 연착된다.
비행기에 얼어붙은 눈을 치워야 하기 때문이다.
이런 작업을 'De-icing'이라고 부른다.
비행기 표현에 눈이 얼어붙으면 비행기가 힘들어하며 양력을 제대로 받기도 힘들어진다.
De-icing을 하면 보통 30분 정도 걸리기 때문에
눈이 오는 출근길엔 승무원들은 걱정이 먼저 앞선다.

비행기의 균형

 항공여행을 하다 보면 앞쪽의 자리가 비어 있음에도 그 좌석을 주지 않을 때가 있다. 손님이 요청하면 요구대로 앞좌석을 배정해 드려야 하나 그러지 못하여 불만을 사곤 한다. 이는 항공기나 선박이 자동차나 철도 같은 육상교통 수단과 달라서, 균형이 대단히 중요하기 때문이다. 마치 나룻배에서 사람과 짐이 한쪽으로 몰리면 배가 기울어져 전복될 수 있는 것과 같은 이치이다.

 항공기의 전체 무게는 기체의 무게 외에도 손님, 승무원, 화물, 수하물, 연료, 기내식, 기내용품 등이 합쳐진 무게다. 그렇기에 기내가 어느 곳으로 치우치지 않고 균형을 이루도록 무게중심을 잡는 것은 매우 중요하다.

 항공기 전체의 무게중심을 'center of gravity'라고 하는데 기종에 따라 제작사와 관련기관이 규정한 일정한 허용범위 내에 위치해야 한다. 적절한 무게중심 유지를 위해 단체손님은 함께 좌석배정을 받게 되며, 좌석 여유가 생기면 특정구역에는 손님을 배정하지 않고 빈자리로 둔다.

 또한 항공기 아래 화물칸에서는 화물 컨테이너의 위치를 앞뒤좌우로 조절하고, 경우에 따라 화물이 별로 없어 그것으로 조절하는 것이 여의치 않으면 납덩어리를 탑재해 무게중심을 맞춘다. 이같이 항공기의 적절한 무게중심을 유지하는 업무를 탑재관리라고 한다. 여객과 화물 수속을 완료하는 시점에서 컴퓨터를 통해 좌석 배치와 화물탑재 위치 등을 자동으로 고려하여 무게중심을 구하며, 이것이 운항에 적절한 위치에 있어야 비로소 운항 허가도 얻는다.

 그런데 손님 숫자가 적거나 화물이 부족할 경우에는 불가피하게 손님 좌석 위치를 이용해 무게중심을 잡는 수밖에 없다. 그러면 손님이 항공기 앞좌석을 원해도 배정하지 못하는 것이다. 그러므로 혹시 발생할지 모르는 위험성에 대비해 가능한 한 원래 배정받은 자리에 앉는 것이 좋다.

기름 값 내려도 유류 할증료가 오르는 이유?

유류 할증료는 유가 급등에 따른 항공사의 경영 부담을 덜어주기 위해 2005년 국내에 도입됐다. 유가변동 추이에 따라 항공요금 외에 별도로 부과되므로 오르기도 하고 내리기도 한다. 그러나 유가 변화를 그때그때 반영하지 않는다. 2~3개월 전 유가를 기준으로 정해진 유류 할증료를 한 달간 고지한 후 2개월 동안 적용한다. 그러므로 7~8월에 적용 중인 유류 할증료는 4월 1일~5월 31일 항공유가 평균치에 따라 정해진 것이다. 요즘처럼 유가가 떨어질 때는 할증료 제도가 손님에게 불리할 수 있지만, 급등할 때는 바로 반영이 안 돼 오히려 손님에게 유리해진다.

또한 유류 할증료는 출발일이 아닌 발권일을 기준으로 적용된다. 그러므로 항공사의 고지내용을 잘 보고 발권일을 정하면 할증료 부담을 덜 수 있다. 오르기 전에 비행기 표를 사거나 내린 뒤에 사면 적지 않은 돈이 절약된다. 그러나 발권한 다음날 유류 할증료가 내렸다고 차액을 환불받는 것은 불가능하다.

표 부탁은 제발!

에피소드 2
비행상식

 항공사 직원이다 보니 사람들에게 표를 부탁받는 경우가 많다. 표가 없는데 구할 수 있느냐, 싸게 살 수 없느냐 등등. 자동차회사 직원이 자동차를 본인에 한해서 싸게 구매하는 것이 가능할지 몰라도 다른 사람에게는 안 되는 것처럼 항공사 직원도 마찬가지다.

 대개 항공사는 예약상태에서 가능한 한 만석으로 채우고자 노력하지만 어쩔 수 없이 예약을 하고 나타나지 않는 확률(예약부도율)을 줄이기 위해 초과 예약을 받는다. 보통 120% 정도를 받는데 그렇게 하더라도 만석으로 운행되지 않는 경우가 많다.

 그러나 간혹 DB(denied boarding)라고 손님이 100% 이상 나타날 때가 있다. 그러면 직원들은 초비상상황이 된다. 대체적으로는 정상가로 구입한 손님 순으로 상위 클래스를 제공하거나 상위 클래스까지 만석이 되면 다른 항공회사에 정상가를 지불하고 좌석을 제공하기도 한다. 비상상황이라면 직원이 먼저 자리를 양보하고 내려야 한다. 직원도 그러는 판에 우리가 어디서 표를 구한단 말인가? 우리에게 제발 더 이상 표 부탁은 말아주시길…….

 비행기가 번개를 맞아도 안전한 이유?

항공기 날개 끝에는 낙뢰로 발생하는 강한 전기 에너지를 기내에 영향을 미치지 않고 소멸시키는 방전시스템이 잘 갖춰져 있다. 번개를 맞아 생기는 약 10억 볼트의 전류는 비행기 표면으로 흘러 날개 끝에서 공중으로 다시 흩어지도록 설계된 것이다. 이른바 '패러데이의 새장 효과'는 새장에 전류가 흐르더라도 새장 속의 새는 안전한 것처럼, 천둥 번개가 쳐도 자동차나 항공기를 탄 사람은 안전한 현상을 말한다.

최근에는 항공기 제작단계에서 전기 전도성이 거의 없는 복합소재를 많이 사용하지만, 번개의 피해를 없애기 위해서는 오히려 전기가 흐를 수 있는 전도성 섬유 등을 덧씌워 전기가 자연스럽게 소멸되도록 한다.

이륙 시 후폭풍의 위력

이륙 시 주어지는 비행기의 이륙간격이 각각 다른 이유는 무엇일까? 이는 이륙할 때 발생하는 '후풍와류' 때문이다. 비행기는 날개와 공기가 부딪치며 발생하는 양력과 엔진의 추진력 등을 이용해 공중으로 떠오르는데, 이 과정에서 비행기가 지나간 뒷자리에 눈에 보이지 않는 강한 소용돌이 바람이 일어난다. 당연히 비행기 크기가 클수록 더 센 바람이 발생하게 된다. 그런데 대형 비행기가 이륙하면서 생긴 후풍와류를 무시한 채 작은 비행기가 뒤따라 이륙을 시도하면 바람에 말려 뜨지도 못하고 뒤집히는 사고가 발생할 수 있다.

이륙간격을 조정하기 위해 비행기 무게를 대·중·소 세가지로 나눈다. 대형은 이륙중량이 11만 5천 킬로그램 이상으로 보잉 747-400이나 보잉777, 에어버스 330·340 등이 해당된다. 중형은 150~180명이 타는 비행기로 보잉 737이나 에어버스 300 등이다.

비행기마다 이착륙 스피드가 다르기 때문에 시간으로 정하기는 어려워 보통 거리로 정한다. 대형기가 이착륙한 뒤 소형기가 뒤따를 때는 6마일(약 9.7킬로미터)의 간격을 둔다. 시간으로 치면 대략 3분이다.

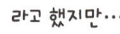

그래도
이런 사람 세상에 없습니다

화장의 위력

외로움

시애틀 TREE 호텔 1404호

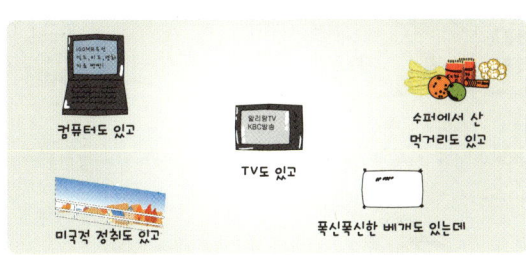

컴퓨터도 있고 TV도 있고 수퍼에서 산 먹거리도 있고
미국적 정취도 있고 폭신폭신한 베개도 있는데

허걱!
텅...빈... 이 느낌!
아, 말하는 개체가 그립다.
옆방의 후배는 잘 지내고 있겠지?
바보같아. 나만!

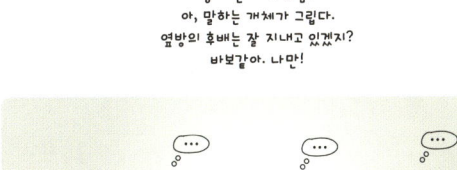

이럴 때 필요한 것 뭐?
바로 "용기!"

방콕비행은 좋지만... 짧다

10시 10분.
호텔 로비에 다같이 모였다.

11시.
쑤까집이 열기를 기다리다 드디어 테이블에 앉다.
우리가 먹어치운 접시를 보고,
식사량이 적은 동남아인들은 적잖이 놀랜다.

1시.
근처 백화점에 들러, 커피 한 잔씩 사들고
본격적인 쇼핑에 나선다.
싸고 질좋은 먹거리며
기념품을 맘껏 흥정한다.

4시.
타이 전통 마사지를 받고 있노라면
온 몸의 피로가 풀리는 듯 하다.
아, 자면 안되는데...
이 순간을 맘껏 즐겨야하는데....

악몽

정말 벗어날 수가 없나보다.
꿈속에서마저 비행 때문에 울고, 웃는다.

시차적응

승무원이 되면 가장 먼저 적응해야 하는 것이 바로 시차적응.
승무원에겐 아침형, 저녁형, 새벽형 인간이 따로 없는 듯하다.
시차가 많이 나는 타국을 오가기 때문에 생활리듬이 깨질 수밖에 없지만
꾸준한 운동과 자기 관리를 통해 시차의 영향을 최소화하는 것이 중요하다!

나도 여자랍니다

비행을 마치고 집에 돌아온 그녀…

유니폼만 아니면 1

유니폼만 아니면 2

다이어트

지금 모든 항공사는 기름을 절약하기 위해서 다이어트 중이다.
종이 한 장의 사이즈를 줄이기도 하며 두께 또한 줄인다.
비행루트를 조정해 비행시간을 단축시키기도 하고 기내식을 나르는
카트나 기내장비를 금속이 아닌 합성 물질로 만들어
항공기 무게를 줄이는 방법을 연구하는 항공사도 있다.
또 승무원이 휴대하는 짐의 무게를 줄여서 연료를 절감하기도 한다.
어쩌면 승무원의 몸무게 또한 줄여야 하는 시대가 올지도 모르겠다.

옥황상제

에피소드 3
승무원이야기

생생을 심판한다는 옥황상제

그래그래,
아주 착하게 살았구나.
자, 너는
132편이다.

132
후쿠오카

에잇!
고얀~넘~
무슨 죄를 이렇게 많이졌어??!!
고생좀 해봐라! 이넘~

202
엘에이 LAX

승무원들에게 LAX는 이런 비행!

저 검은 가방에는 무엇이 들었을까?

- MP3
- 비행메뉴얼
- 여권
- 약통
- 카메라
- 전자사전
- 핫팩
- 워터스프레이
- 선글라스
- 핸드크림
- 앞치마, 기내화
- 나라별 지폐가 든 파우치
- 화장품파우치
- 책
- 슬리퍼
- 어댑터
- 압박스타킹
- 트레이닝복과 운동화
- 속옷백
- 컴퓨터
- 현지음식점 명함과 전화카드
- 수영복
- 옷

명절 스케줄

비행은 그만큼 중요해

새벽 5시
메이크업과 헤어만들기

새벽 6시
김포공항 옆 회사를 향해 출발

7시 비행준비

7시 40분 공항으로 출발

8시 20분 비행기 도착

9시 30분
드디어 후쿠오카를 향해 출발했는데…

비행기에 타기까지 무려 4시간 반 걸렸다.
제주도보다도 가깝다는 그곳까지의 비행시간은
겨우 50분!

슈퍼맨과 스튜디어스

빨강망또만 입으면 그는 멋진 슈퍼맨이 된다.

빨강마스크를 쓰면 그는 정의의 스파이더맨이 된다.

그녀가 머리를 말아올리고,
회색 유니폼을 입고,
빨강 스카프를 두르는 순간,
까칠함도, 결벽증도, 예민함도
모두 사라진다.
아니, 사라져야 한다

승~무~원!

자그맣게 노래 불러 보셔요.

승무원 입술은 빨개 빨가면 밤샌 눈
밤샌 눈은 무서워 무서우면 늘어진 배
늘어진 배는 두툼해 두툼하면 다리통
다리통은 터져 터지면 유니폼
유니폼 하면 괴력 괴력은 승무원
승~무~원~!

실수 시 대처방법

앗차차! 손님에게 물을 엎지르거나 주문한 것을 잊었거나 선반에서 물건이 떨어진다면!
이때 필요한 것은 뭐?
세상에서 가장 불쌍한 표정과 그렁그렁한 눈과 'ㄴ'자 눈썹!
이것이 우리가 위기에 대처하는 방법이다.

매력

미주, 유럽을 걸어서 가는 직업.
불규칙한 식사와 힘든 시차적응 속에서도 항상 밝은 모습으로 서비스를 한다.
몸도 마음도 쉽게 피로해질 수 있는 직업이지만 출근하는 길에 미소가 한번
지어지는 매력은 무엇일까?

Chapter **4**

만남에 관해
Close encounter

그리운
빨간 모자 손님들

"어이 김씨! 비행기 탈 때는 신발을 벗어야 되는 거여."
"(신문을 집어 들며) 이거 돈 내야 되는 거예요?"
지금은 이런 질문을 하는 사람이 전혀 없다. 촌부라 할지라도 비행기 한두 번은 다 타봤을 정도로 비행기는 대중교통수단이 된 지 오래다.
요즘은 깃발이나 스티커 또는 목걸이로 바뀌었지만 얼마 전까지만 해도 패키지여행을 가는 일행은 모자나 조끼 같은 것으로 상대를 구별했다. 모자 앞에 커다랗고 눈에 잘 띄는 글씨로 'OO투어'라고 새겨넣기도 한다. 많으면 백 명 이상의 패키지 손님이 우르르 탑승한다. 새카맣게 그을리고 주름살 핀 얼굴에, 생전 처음 가는 해외여행에 대한 두려움과 설렘이 뒤섞인 표정을 한 빨간 모자의 할머니, 할아버지들…….
"할아버지, 식사하셔야죠. 소고기 드실래요? 닭고기 드실래요?" 하면 고개를 절레절레 흔드시며 "배 안고파이!" 하신다.

"그러면 음료수라도 드세요. 오렌지주스 드릴까요?"

"목 안 말라이!"

이러다가도 저쪽에서 누군가가 "이거 공짜랴. 언능 먹어이!" 하면 그제야 이것 달라 저것 달라 주문하신다. 빨간 모자 단체 손님들에게 음식은 무조건 소고기요, 음료는 무조건 위스키이며 마지막은 무조건 커피다.

"코오피 줘. 코오피가 최고지 뭐."

그러다 보면 기내에 있는 위스키며 커피, 설탕 등이 순식간에 동이 나 버린다.

귀국편에서 빨간 모자 단체손님을 태우면 "어이, 반가워이! 우리 태우고 온 그 아가씨 맞구먼." 하고 반갑게 인사를 하신다. 처음 뵙는 분들인데, 하다가도 "아, 예. 여행은 재미있으셨어요?" 하면 여행길에 샀던 기념품들을 터억 하니 꺼내 자랑보따리를 늘어놓으신다.

사가지고 오는 기념품도 다 똑같다. 베트남에서는 삿갓모양의 전통 모자를, 중국에서는 커다란 부채나 젓가락을, 태국에서는 건강식품을 들고 탑승하신다. 식사 카트가 지나가면 힘들어 보인다며 함께 밀어주고, 휴지 조각 같은 것도 정성스럽게 주워서 비닐봉투에 넣어 건네주신다. 그러다 내릴 때는 눈물을 글썽이며 "언제 다시 만날끄나. 무사히 데려다줘서 고마워이!" 하신다. 당시 우리는 관광노선을 갈 때면 우스갯소리로 "공포의 빨간 모자 오늘 타세요?"라고 묻곤 했다.

정보가 넘쳐나는 현대. 첫 비행이라도 이제 어리둥절할 필요가 없어졌다. 인터넷이나 대중매체를 통해서 충분히 간접경험을 할 수 있으니 말이다. 나아가 어떻게 하면 더 경제적이고 편리하게 이용할 수 있는지에 대한 정보도 넘쳐난다. 고객의 기대치가 높기에 서비스 향상을 위한 노력도 점점 치열해진다. 더 세련되고 시스템도 좋아졌다. 개인사를 시시콜콜 늘어놓거나 여행 에피소드를 얘기하거나 기념품을 전리품처럼 보여주는 손님은 이제 거의 없다.

세계적인 공항으로 인정받는 잘 정돈된 인천 공항의 라운지를 걷고 있노라면, 탑승 대기 중인 사람들이 다 세련되어 보인다. 어느덧 우리나라 여행객의 수준도 선진국에 이른 것이다. 그래도 가끔, 아주 가끔은 순박한 빨간 모자 할아버지, 할머니들이 그립다.

옹기종기 모여서, 싸온 고구마며 오징어를 나눠 드시거나, "우린 다 커피여!" 하며 기내에 있는 커피와 설탕을 바닥내시거나, 입국서류를 쓸 수 없어 일일이 도와드려야 한다거나 하여 '공포의 빨간 모자'였을 그분들이 오랜 시간이 지나니 '추억의 빨간 모자'가 되었다.

땅을 기름지게 갈아엎고, 여물을 잔뜩 줘 소를 살찌우게 하고, 콩을 단단하게 빚어 새끼줄로 메주를 매달고 있을 할아버지, 할머니들! 꽃무늬 남방에 플레어 치마를 입고 얼굴에 빨간 립스틱을 정성스럽게 바르고는 "어이! 반가워이! 방콕꺼정 잘 부탁혀!" 하며 우르르 기내로 들어오는 모습을 꼭 다시 한 번 보고 싶다.

"보고 싶어요. 빨간 모자 할머니, 할아버지!"

내가 만난
최고의 플래터넘 마일러

장거리 미주노선이었다. 내가 담당하는 구역에 플래티넘 마일러 platinum miler 손님이 탑승한다는 정보를 받았다. 플래티넘 마일러란 지금까지 비행기록이 100만 마일 이상 되는 손님을 말한다. 어쩌면 1~2년 된 신입 승무원보다 더많이 비행기를 탔을지도 모른다. 당연히 서비스 절차나 항공기 상식, 식사 메뉴 등 비행 전반에 관해서 모르는 것이 없을 것이다. 그런 손님은 "내가 당신네보다 더 비행기 많이 탔어!" 하며 자랑삼아 이야기하는 경우가 많다. 그래서 더 신경을 써야 하는 면도 없잖아 있다.

그날 내 구역에 탑승한 플래티넘 손님은 육십대 중반 정도 돼보이는 남성이었다. 우리 회사를 이용해주셔서 감사하고 편히 잘 모시겠다는 탑승 인사와 함께 내 소개도 잠시 한다. 그땐 아무 얘기가 없으셔서 웃으며 주저리주저리 이야기한 내가 약간 민망해졌다.

Chapter 4
만남에 관해

이륙한 뒤 식사 서비스가 시작되었다. 그분은 맨 첫 줄에 앉아계셨기 때문에 먼저 식사를 드리려고 "손님, 오늘 식사는 한식 비빔밥과 양식으로 안심 스테이크가 준비돼 있습니다. 어떤 것으로 하시겠습니까?" 하고 물었다.

"조금 이따 먹을게요."

사실 미주노선 인바운드 서울로 돌아오는 비행에선 한식 비빔밥이 많이 모자란다. 특히 그날은 한국 단체 손님이 많이 탑승하셔서 더더욱 그럴 것 같았다. 나중에는 원하는 메뉴를 못 드실 수도 있다고 말씀드렸으나 개의치 말라며 손만 절레절레 흔드셨다. 내 담당구역의 서비스를 마치고 나니 아니나 다를까 스테이크밖에 남지 않았다. 선택권이 없어서 어쩌나 고민하며 그 손님께 갔다.

"뭐 있어요?"

"손님, 죄송합니다만……."

개미 기어들어가는 소리로 말을 시작했다. 정말이지 선택권이 없는 상태에서 손님께 식사를 드릴 때면 너무도 죄송하다.

"스테이크밖에 없죠? 그냥 그걸로 주세요. 만날 먹는 건데 아무거나 먹으면 어때요? 다른 손님들 한 분이라도 원하시는 음식으로 드시는 게 좋죠."

정말 뜻밖이었고 완전 감동했다. '최고 멋지십니다!' 몇 번이고 속으로 외쳤다. 원하는 식사 메뉴가 없으면 당장 만들어오라, 돈 내고 탄 비행기에서 내 맘대로 밥도 못 먹는다고 환불해달라며 역정까지 내는 손님도 가끔 있다. 그럴 때면 승무원들은 비행기에서 뛰어내리고 싶은 심

001
정보가 넘쳐나는 현대 첫 비행이라도 이제 어리둥절할 필요가 없어졌다. 인터넷이나 대중매체를 통해서 충분히 간접경험을 할 수 있으니 말이다. 나이가 어떻게 하면 더 경제적이고 편리하게 이용할 수 있는지에 대한 정보도 넘쳐난다. 고객의 기대치가 높기에 서비스 향상을 위한 노력도 점점 치열해진다.

정이다. 불가능한 것을 요구하시니 어찌 해야 좋을지 모르겠다.

가방 안에 항상 여유분의 식사를 챙겨 다니든지 지금 당장이라도 밭에 가서 채소를 따다가 비빔밥을 만들어드리고 싶은 마음이지만, 삼만 피트 하늘 위에서는 불가능한 일이니 속수무책이다. 그 심정을 손님들은 아시려나 모르겠다.

그런데 그날의 플래티넘 고객은 다른 손님이나 승무원을 소탈하게 대하시니 나로서는 얼마나 좋았는지 모른다. 옆자리 손님을 향한 배려라든가 승무원에게 건네는 어투에서도 매너가 철철 넘쳐서 우리들은 갤리에서 그 손님에 대한 이야기꽃을 피웠다.

그러다 마지막으로 존경심마저 느끼게 하는 사건이 발생했다. 우리 항공사는 도착 30분 전에 유니세프 모금 운동을 한다. 기내에 영상자료를 방송한 뒤 모금을 시작했는데 그 손님이 검정 비닐로 둘둘 만 두툼한 무언가를 손에 쥐여주었다. 처음엔 쓰레기인가 했다가 혹시나 해서 열어보니 하얀 봉투에 만 원짜리 지폐가 한 묶음 들어 있었다. 나는 손님께 가서 이렇게 많은 돈을 기부하시다니, 깜짝 놀랐다고 말씀드렸다.

그분은 이렇게 말씀하셨다. "원래 비즈니스 클래스를 타고 가도록 출장비가 나왔어요. 그런데 제가 열 시간 정도 불편하게 가고, 남는 돈으로 다른 사람들에게 도움 되는 일을 하는 게 더 낫지 않을까 했어요." 와우! 정말 가슴 찡한 감동을 느꼈다.

이코노미 클래스의 좁은 공간에서 긴 비행을 하는 것이 힘든 만큼, 조금이라도 편안한 것을 찾기 마련이다. 남을 배려하기가 쉽지 않은 상황인 것이다. 그날 나는 훌륭한 인품의 손님을 직접 모실 수 있어 참

행운이라 생각했다. 기내 창문 작은 틈으로 비치는 아침 햇살이 다른 날보다도 더 멋지고 더 아름답게 보였다. 내 가슴에서도 뭔가가 붉게 피어오르고 있었다.

Chapter 4
만남에 관해

귀신님,
요금은 내셨나요?

혹자는 직접 경험했다고도 하고 누구는 동료에게 들었다고도 한다. 이렇게 해서 만들어진 기내 귀신의 캐릭터는 무척 다양하다.

기내 귀신 이야기 1

서비스가 끝나고 조명이 어두워지면 기내는 쥐 죽은 듯이 조용하다. 수백 명의 사람이 타고 있지만 거의 모두가 잠들어 있는 듯하다. 선배도 마침 쉬러 갔기 때문에 자리에 앉아 휴식을 취한다. 깜박 졸았는지 고개가 흔들! 깜짝 놀라 잠을 깨기 위해 커피머신에서 막 커피를 따르려는 순간 젊은 여자가 갤리로 쑤욱 들어선다. 피곤한지 얼굴에 핏기라곤 전혀 없다.

"저…… 저기요. 언니."

"네? 네! 손님."

"저…… 목이, 목이 말라요. 물 좀 갖다 주세요."

"아! 예! 좌석번호를 알려주세요. 갖다 드릴게요."

그러자 얼굴에 핏기라곤 전혀 없는 그녀, 입가에 씨익 미소를 지으며 말한다.

"제 자리는…… 여기예요."

"네엣?"

그녀가 가리키는 곳은 비행기 바닥 쪽! 물을 준비해 캐빈을 아무리 둘러봐도 그 여자는 보이지 않는다. '도대체 좌석이 어디야?' 이상하다 생각했지만 금세 잊었다. 나중에 비행을 마친 후 기장님이 하는 말!

"오늘 화물칸에 시신이 한 구 운반되었다는군요. 젊은 여자인데!"

"……!"

기내 귀신 이야기 2

서비스가 끝나고 자기 위해 승무원 휴식 벙크로 올라간 그녀. 그날따라 피로했는지 침대에 눕자마자 곯아 떨어졌다. 얼마쯤 잤을까? 누군가가 그녀를 요란하게 깨운다.

"일어나요. 일어나요. 서비스가 시작되었는데 아직도 자고 있으면 어떡해요?"

깜짝 놀란 그녀는 후다닥 일어나서 벙크 입구에 크게 붙어있는 전신 거울 앞에 앉아 머리 모양을 급히 다듬었다.

"빨리 해요. 빨리 해요. 서비스가 시작되었어요."

옆에서 난리를 치는 동료가 한편으로는 고맙기도 또 한편으로는 수

선스럽기도 하다. '도대체 어떤 후배야. 정말 시끄럽군!' 하며 깨워준 이가 누군지 전신 거울 안에서 확인하는 순간 그녀는 놀라 기절할 수밖에 없었다. 빨간 앞치마를 입고 양 팔을 흔들고 있는 그녀! 다리가 없다!

기내 귀신 이야기 3

해외에 도착해서 피곤한 몸으로 호텔 침대에 몸을 뉘인 그녀. 너무 피곤한 나머지 유니폼도 벗지 않은 채 깜박 잠들고 말았다. 그때 누군가 다가오는 느낌……. 이불을 들어서 그녀의 목 언저리까지 덮어준다.

"도대체 누구지? 엄마인가? 아니지, 여기는 호텔인데……."

가까스로 무거운 눈꺼풀을 들어 올리자 그녀를 보고 있는 눈과 딱 마주친다. 인자한 모습의 할아버지가 그녀에게 미소를 짓고 있다. 그녀가 미처 정신을 차리기도 전에 스르르 미끄러지듯 창 밖 벽을 통과해 시야에서 사라져버리고 만다.

기내 귀신 이야기 4

피곤하면 가위에 자주 눌린다는 후배랑 같이 자게 된 어느 날. 꿈속에서 내내 까만 머리, 빨간 얼굴의 여자 귀신에게 시달리다 겨우 잠에서 깨어나자, 함께 잠을 잔 후배가 이미 일어났는지 앉아서 멍하게 허공을 응시하고 있다.

"잘 잤어요? 나는 귀신 꿈 때문에 잠을 설쳤는데……."

"선배님도요? 저도 귀신 꿈을 꿔서 지금 기분이 영 좋지 않아요. 머리가 까맣고, 얼굴이 빨간……."

이 밖에도 기내에 떠도는 귀신 이야기는 정말 많다. 혹자는 진짜 경험한 승무원이 있다고도 하고, 혹자는 TV에서 보았던 스토리라고도 한다. 만들어냈든 진짜로 존재하든 시차 적응의 어려움, 불규칙적인 식사로 인한 피로의 누적은 귀신을 불러내기에 딱 좋은 환경이다.

무엇보다 즐거운 비행생활을 위해 필요한 것은 건강이라는 자명한 사실! 승무원이라면 언제 어디서든 사기충천해야 할 것 같다. 그래야 진짜로 기내에서 귀신을 만났을 때 당당하게 물을 것이 아닌가? "혹시, 비행기 요금은 지불하셨나요? 무임승차는 거부합니다."라고.

Chapter 4
만남에 관해

環자가 생겼어요

애니가 죽었다. 인공호흡, 심폐소생술, AED등 수단과 방법을 가리지 않고 땀을 뻘뻘 흘려보지만 좀처럼 애니는 살아날 기색을 보이지 않는다. 이때 저편에서 애니 살리기에 안달이 난 남자 선배가 한마디 한다.

"에잇! 애니야, 너 살리려다 내가 죽게 생겼다."

그렇다. 애니는 응급처치 훈련을 위해 특별 제작된 마네킹이다. 1년에 한 번 이상은 죽은 애니를 살려내야 한다.

기내에서 환자가 발생하는 경우가 있다. 장시간 여행에 대한 부담과 피로, 지상과는 다른 환경으로 인한 지병의 악화, 예기치 못한 안전사고 등.

"손님 여러분, 기내에 위급한 환자가 발생했습니다. 의사나 간호사가 계시면 도움을……."

실제 상황이다. 중년의 한국인 여행객이 화장실에서 나오다 쇼크를 일으켜 쓰러진 것이다. 이때야말로 신속함과 신중함이 필요할 때다.

맨 처음 환자를 발견한 승무원은 즉각 상태를 살핀다. 또 다른 승무원은 조종사와 캐빈 매니저에게 연락을 취한다. 다른 승무원은 혹시 필요할지 모를 각종 구급함과 산소 등을 챙겨온다. 이때 또 다른 승무원은 마이크를 잡고 기내방송으로 의사나 간호사의 도움을 청한다. 명령하는 자가 없어도 된다. 긴박한 상황에 대처하는 방법은 이미 훈련을 통해 준비되어 있다.

아직은 세상에 따뜻한 사람이 많다는 사실을 발견하는 것이 바로 이 순간이다. 몇 시간의 달콤한 휴식을 기꺼이 반납하고 대가 없는 수고를 담당해주는 사람들이 하나둘씩 좁은 갤리로 모여든다. 학회를 마치고 귀국하는 내과 의사, 친구들과 여행 중인 종합병원 간호사, 전직 침술원장······.

오랜 비행경력 때문인지 나도 별의별 상황을 다 겪었다. 특히 최근에 겪은 치질환자는 정말 잊을 수가 없다. LA에서 돌아오는 귀국편, 탑승객 대부분이 영화를 보거나 휴식을 취하던 한가한 시간이었다. 마침 배가 고파진 나는 토마토, 치즈 등이 터질 듯 들어간 풍성한 샌드위치를 한 손에 들고 머스타드 소스를 잔뜩 바른 뒤 막 입에 가져가려던 순간이었다.

그때 일반석에서 근무 중이던 한 승무원이 헉헉거리며 달려왔다. 한 승객이 피를 흘린다는 것이다. 놀란 가슴을 진정하고 한걸음에 일반석으로 달려갔더니 오십대 후반의 미국인 여성이 화장실 변기에 앉아 피를 쏟아내고 있었다. 그녀는 몇 주 전 치질수술을 받았는데, 그만 수술 부위에서 피가 쏟아져 나와 멈추질 않았다.

옷은 피범벅이 되었고 얼굴은 핏기가 전혀 없이 속수무책으로 식은땀만 줄줄 흘리고 있었다. 방치했다가는 출혈과다로 인한 쇼크를 일으킬 수도 있었다. 몇 초 안에 응급절차가 진행되었다. 다행히 한국인 의사 세 분이 기꺼이 도움을 주겠다고 나섰다.

우선 과제는 지혈과 환자의 안정이었다. 바닥에 박스와 담요를 몇 겹으로 깔았다. 갤리 커튼을 닫고 비상용 전등으로 불을 밝힌 뒤 응급수술장비를 펼쳤다. 철저히 차단된 갤리 안은 마치 수술실을 방불케 했다. 환자의 상태를 체크하고, 수액을 공급하고, 지혈을 하는 일련의 과정을 지켜보는 내내 당황스럽고 긴장했다. 그러나 환자 앞에서 절대로 티를 낼 수는 없다. 환자가 심리적인 안정을 취하는 것이 최우선이기 때문이다.

긴박했던 수 분이 지났다. 갤리 이곳저곳에 흐트러져 있는 각종 의료장비들과 젖은 수건이 그간의 사정을 말해준다.

"괜찮아요. 배가 고프니 맛있는 거나 주세요."

대가 없는 수고로움을 아무렇지도 않게 생각해주는 의사 선생님들을 보니 한편으로는 찡하기도 하고 미안하기도 하다. 그분들 덕분에 환자는 상태가 호전되어 무사히 목적지까지 가게 되었다.

비행하는 동안 환자를 만나는 일은 절대로 없어야겠지만, 이렇게 도와줄 사람들이 있었으니 얼마나 다행인가? 만약 의사가 한 명도 탑승하지 않았다면 어느 이름 모를 중간 기착지에 임시 착륙하거나, 환자의 상태가 더 악화될 수도 있었다. 동료들은 겪지 말아야 할 일을 겪었다고 위로했지만 그 사건으로 배운 게 참 많다.

비행을 하면 할수록 경험이 다양해진다. 만나는 사람이 많아질수록, 이런저런 일을 겪을수록 쌓여가는 값진 경험들. 극한의 상황에서 대처하는 법을 깨닫는 직업이 몇 개나 될까? 그 안에서 사람들의 다양한 모습을 본다. 오늘의 모습은 따뜻하고 인정 많으며 이타적인 모습이다. 또한 값진 선물도 덤으로 받았다. 슬기롭게 잘 대처했다는 자부심과 그동안의 훈련과 경험을 유감없이 발휘해 제몫을 담당해준 동료에 대한 애정, 그리고 땀 흘린 후의 보람을.

Chapter 4
만남에 관해

중국 파리냐? 한국 파리냐?

얼마 전 후배에게 들은 이야기다. 정확하게 기억나지는 않지만 중국의 어느 도시였던 거 같다. 약간 지체한 상태로 중국에 도착했고, 비행기 문이 열리자마자 승객들이 내리기 시작했다. 승객이 다 내리자 중국인 검역관이 비행기에 올라탔다. 보통은 탑승 검역을 하지 않으나 유행병이 있거나, 특별 검역 기간 동안에는 검역관이 기내에 직접 타서 검역을 한다. 그런데 이 검역관이 비행기를 한 바퀴 돌고 맨 마지막에 있는 화장실 문을 잠그더니 이 비행기는 못 뜬다고 했다.

안 그래도 지체가 되어서 빨리 떠야 하는데, 승무원들이 의아해하며 왜냐고 묻자 "저 화장실에 파리가 한 마리 있는데 한국에서 온 파리가 확실합니다. 저걸 못 잡으면 비행기를 띄울 수 없습니다."라고 대답했다.

황당한 답변에 우리 모두는 당황했지만, 빨리 잡아야 한다고 누군가 여러 나라를 비행하면서 다양한 사람과 다양한 문화를 경험하는 건 승무원만이 누릴 수 있는 장점이다.

소리쳤다. 하지만 화장실을 여는 순간 파리는 멀찌감치 도망을 가고 말았다. 이 어이없는 광경에 우리들은 이제 어떻게 해야 하느냐고 물었다.

"우리 직원들이 파리 잡는 장비를 가지고 올 테니 잠시만 기다리세요."

잠시 후 우리들은 정말 모두 할 말을 잃었다. 가지고 온 장비는 바로 '잠자리채'였던 것이다. 그 잠자리채를 들고 이리 뛰고 저리 뛰고 하는 모습이 정말 가관이었다. 보다 못한 정비사님이 비행기 밖에 있는 수많은 파리 중 한 마리를 잡아 검역관에게 보여주자 그가 이렇게 말했다.

"어, 맞아요. 이 파리 맞아요."

그런 뒤 비행기는 무사히 떴다. 그들이 어떻게 한국 파리와 중국 파리를 구별하는지, 또 어떻게 중국 파리가 갑자기 그들 눈에 한국 파리로 둔갑했는지 모르겠지만, 한동안 이 얘기를 듣고 많이 웃었다. 여러 나라를 비행하면서 다양한 사람과 다양한 문화를 경험하는 건 승무원만이 누릴 수 있는 장점이다. 이제는 중국 비행을 가면, 파리약이나 파리채는 꼭 들고 다녀야 할지도 모르겠다.

그때 그 신혼부부는 잘 살고 있을까?

꽃 피는 춘삼월이 되니 내 우편함에도 하나둘씩 청첩장이 쌓이기 시작한다. 결혼하면 떠오르는 기대와 실망, 그리고 또 다른 희망! 인생에서 가장 커다란 선택을 하고야 말았다는 안도감과 더불어 불안함이 엄습해왔던, 혼돈과 격정의 순간!

그즈음 사이판 주말 비행을 가게 되었다. 요즘은 사이판이 가족휴양지가 되었지만 당시만 해도 최고로 각광받는 신혼여행지였다. 260명 정원에 여행사 직원 몇 명을 제외한 모든 여행객이 신혼부부였다. 좌석이 떨어진 신혼부부의 눈물겨운 이별 장면(겨우 통로의 50여 센티미터 떨어졌을 뿐인데)이 연출되고, 몇몇 호기 넘치는 신랑은 자리를 바꿔달라고 당당히 요구하지만 어딜 둘러봐도 남녀 쌍쌍이다.

식사 서비스 시간이 막 끝났을 때 그 사건은 시작되었다. 갤리의 이곳저곳에 널브러진 각종 음료와 스낵 등을 정리하느라 분주할 때 갑자

Chapter 4
만남에 관해

기 여자 손님이 갤리로 뛰어 들어왔다. 머리는 흐트러져 있고 얼굴은 창백하다. 더군다나 맨발 차림이다.

"저 좀 숨겨주세요, 제발."

깜짝 놀란 우리는 자초지종을 묻기도 전에 카트를 이용해 일단 숨겨드렸다. 정적이 흐르고 잠시 뒤 남자 손님이 커튼을 확 젖히더니 갤리 안을 쓰윽 둘러본다. 그러다 다시 커튼을 닫고 캐빈의 뒤쪽으로 황급히 걸어간다.

"손님, 혹시 저분이라면 뒤쪽으로 가셨어요. 이제 안심하셔도 돼요."

이렇게 얘기해도 그녀는 좀처럼 일어나지 않았다. 한참 그렇게 있다가 "저, 죄송한데 제 자리가 18D거든요. 선반에 핸드백을 올려놓았는데 그것 좀 갖다 주세요. 그리고 신발도요." 우리는 어찌 할지 당황하다가 그녀의 애원하는 눈빛을 보고 결국 핸드백과 구두를 챙겨왔다. 여자 손님의 좌석 옆이 빈 걸 보니 아까 그 손님이 남편인 듯했다.

"무슨 일인지 말씀해줄 수 있으세요?"

그녀는 한숨을 푹 내쉬며 자초지종을 설명했다.

지방 공무원인 그녀는 친척의 소개로 신랑을 알게 되었고, 서로 떨어져 있는 터라 자주 만나지 못한 채 부모님의 성화에 못 이겨 서둘러 결혼식을 올렸다. 몇 번 만나보진 않았지만 집안도 좋고 배려심도 깊은 것 같았단다.

그런데 결혼식 당일인 오늘, 신부화장 때부터 점점 신랑의 본성이 드러나기 시작하더니 하루 종일 짜증을 내더라는 거였다. 신랑의 다른 모습에 적잖이 충격을 받고 있었는데, 기내에서 식사를 할 때 드디어 문제가 폭발했다. 그녀가 와인이나 한 잔 먹고 쉴까 해서 승무원에게 와인을 주문하자 다짜고짜 신랑이 "주정뱅이인 줄 몰랐다."라며 소리를 질렀다.

신부는 와인 한 잔에 어떻게 주정뱅이가 되느냐며 따졌고, 말싸움이 커지자 급기야 신부 얼굴에 찬물을 확 끼얹었다는 것이다. 거기에 그치지 않고 손찌검까지 하려던 걸 이렇게 피해서 도망쳐왔다고 했다.

그녀는 하염없이 눈물을 흘리며 이 결혼식은 없던 것으로 하고 사이판에서 곧바로 서울행 비행기를 탈 테니 좀 도와달라고 했다. 정말 난감했다. 남의 일 같지가 않았다. 힘든 결혼식을 마치고 즐거운 신혼여행의 꿈에 젖어 있어야 할 신부가 신랑이 무서워 도망쳐야 하다니!

"신랑을 불러드릴 테니 대화를 좀 해보시겠어요?"

어떻게든 둘을 화해시키고 싶었지만 신부의 입장은 단호했다. 신랑의 폭력적인 모습을 평생 감당할 자신이 없다는 거였다. 오랜 기간 교제하지 않고 섣불리 결혼을 선택한 것에 대한 후회도 했다.

남은 두 시간이 어떻게 흘러갔는지 모른다. 신랑은 안절부절못하고 기내 이리저리 다니며 신부를 찾느라 분주했다. 얼굴에는 분명 후회하는 기색이 역력했다. 신부에게 화를 낸 신랑도 잘못했지만 다짜고짜 서울로 돌아가겠다는 신부의 입장도 결코 옹호할 만한 것은 아니겠다 싶었다. 신부의 하소연을 들어주느라 아무것도 하지 못한 채 착륙사인이 났다.

"손님, 다시 한국으로 돌아가시더라도 일단 신랑에게 얘기는 하셔야

Chapter 4
만남에 관해

하지 않을까요. 그리고 남은 좌석이 없기 때문에 마땅히 앉으실 곳도 없고요."

마지못해 그녀는 좌석으로 돌아갔고 그 뒤에 어떤 일이 벌어졌는지는 모른다. 우리 사이에서도 의견이 분분했다. 만약 대책도 없이 사이판에 내린다면 신부는 이 상황을 견디지 못해 무슨 일을 저지를지 모른다. 그러므로 바로 한국으로 갈 수 있도록 도와줘야 한다는 생각이 대세였다.

정말 그래야 할까? 문이 열리고 신혼부부들이 우르르 내리기 시작한다. 가슴이 콩닥거린다. 과연 그 여자 손님을 어떻게 할 것인가? 곧바로 한국으로 되돌아올 수 있도록 도와드려야 하나? 그냥 모른 척해야 하나?

안절부절못하는 사이 저만치 시야에 그녀가 들어온다. 짧게나마 눈이 마주쳤다. 순간 나는 보았다. 그녀가 마음의 안정을 찾았으며, 남편에게 다시 한 번 기회를 주었다는 것을. 쑥스러운 듯 내 앞을 스쳐 지나갔을 때 나는 아무런 움직임도 취하지 않았다. 남자가 여자의 손을 잡으려니 여자가 확 뿌리치는 뒷모습을 바라본다. 어쩌면 저 부부는 신혼여행지에서도, 한국으로 돌아가서도 똑같은 싸움을 되풀이할지 모른다.

쉽게 갈라서고 쉽게 만나는 세상, 그러나 선택한 것에 대한 책임은 본인의 몫이다. 단 한 번의 실수도 용납하지 못해 선택을 자꾸 바꾼다면 그에게 과연 안정된 삶이 보장될 수 있을까? 잘 살고 있는 주변의 부부들을 보면 처음부터 끝까지 다 좋을 수는 없지만 서로 이해하고 감싸준 것에 대한 보상인 듯 편안한 일상이 엿보인다.

    출발을 어렵게 시작한 저 부부의 앞날에 행복이 기다리길 빌어본다. 저들이 현명하게 소통했기를. 저들이 상대를 조금씩 이해하게 되기를. 그래서 사이판에서 돌아올 때는 팔짱을 꼭 끼고 비행기에 오르기를, 통로 50센티미터에도 안절부절못하는 닭살부부가 되어 있기를!

Chapter 4
만남에 관해

어느
전쟁영웅 할아버지

LA 공항 직원이 서약서를 건네준다. 그곳에는 그의 상태가 상세히 기록되어 있다. '75세. 남자. 하반신 마비.' 직원에게 일행이 있느냐고 묻자 고개를 절레절레 흔든다.

"목적지는요?"

"중국 베이징이요."

아이구야, 더군다나 환승까지 해야 하시다니……. 탑승 전 분주하게 승무원들을 불러 모은다.

"하반신을 전혀 못 쓰는 노령의 남자 손님이 28번열에 탑승하세요. 담당 승무원께서는 지속적으로 손님의 상태를 파악하고, 남승무원께서는 화장실 사용 유무를 수시로 여쭤보셔서 불편하지 않도록 해주기 바랍니다. 만석이라 좌석 여유가 없으니 수시로 앉아 있는 자세를 바꿔드려야 합니다."

노령의 환자 손님이 탑승하면 정말 예민해진다. 기내 환경이 지상과는 다를 뿐 아니라 장시간의 비행은 일반인도 견디기 힘들기 때문이다. 만약 지병이 악화라도 된다면 정말 큰일이다.

만반의 준비를 하고 휠체어가 도착하기를 기다렸다. 멀리서 모습을 드러낸 할아버지의 모습은 정말 기이했다. 오래된 군복을 입었고 가슴에는 온통 휘황찬란한 훈장이 열 개는 족히 달려 있었다. 머리에 쓴 군모에도 이런저런 훈장들이 있다.

꼿꼿하게 상체를 세운 반듯한 모습, 깡마른 체구의 중국계 할아버지는 탑승을 도와준 직원에게 연신 고맙다고 인사를 한다. 남승무원이 할아버지를 번쩍 들어 좌석에 앉혀드린다. 새털처럼 가벼워 보인다. 남승무원은 다가가, 자세가 불편하다든가 화장실을 이용하고 싶으면 언제든지 얘기해달라고 말씀드린다. 그러자 그 중국 할아버지는 손을 절레절레 흔들더니 상의 안쪽을 가리키며 승무원에게 귓속말로 뭐라 속삭인다. 나중에야 남승무원이 전한 내용은 이랬다.

"아무것도 필요 없다고 하셨어요. 기내에서 화장실 사용을 안 하려고 인공호스 장치를 하셨대요."

서울까지 가는 열 시간 내내 식사도 안 하고 영화도 안 보신다. 자세가 불편할까 봐 바꿔드리겠다고 해도 고개를 절레절레 젓는다. 10분 후에 가도, 한 시간 후에 가도, 다섯 시간 후에 가도, 항상 그 자세. 꼿꼿하게 앞만 쳐다보고 계신다. 표정은 온화하고 부드럽다. 그냥 가만히 있는 것을 즐기시는 듯하다. 가끔 꾸벅꾸벅 졸기는 하신다. 하지만 자세는 여전히 꼿꼿한 상태다.

처음의 우려와는 정반대로 도착한 그 순간까지 아무 일도 없었다. 오히려 일반인들보다 더 신경이 안 쓰이는 손님이었다. 도착하여 손님이 다 내리고 할아버지를 태우러 올 휠체어를 기다리던 중 오늘 근무했던 미국인 기장이 내려왔다. 그가 할아버지의 훈장을 보더니 알은체를 한다.

"정말 훈장이 많으시네요. 전쟁에 참여하셨나 봐요."

"월남전에 참가했습니다. 이 훈장들은 국가에서 받았어요."

"다리는 전쟁 때 다치셨습니까?"

"네. 다리 대신 이 훈장을 선물로 받았죠. 그래서 저는 훈장이 자랑스럽습니다. 그리고 저 자신도 매우 자랑스럽습니다. 저는 나라를 사랑해서 전쟁에 참여한 자랑스러운 미국인입니다."

대충 이런 대화였다. 미국인 기장이 내리며 할아버지에게 엄지손가락을 치켜 올린다. 할아버지의 어깨가 으쓱거린다. 직원이 번쩍 할아버지를 들어 휠체어에 옮긴다. 그는 자세를 다시 가다듬더니 승무원 한 명 한 명을 쳐다보며 일일이 고맙다고 인사를 한다.

세상에 대한 원망 하나 없이 정갈하게 사시는 저분! 그의 인생은 지금까지도 그랬듯 결코 초라하지 않을 것 같다. 남보다 못 가진 것에 대한, 남보다 못난 것에 대한 원망으로 자신을 스스로 책망하는 이들에게 그분은 교훈 같은 존재였다. 귀국길의 비행이 몹시 피곤했지만 인천 공항을 걸어가는 승무원들의 뒷모습을 보니 오늘따라 왠지 당당하고 꼿꼿해 보인다. '그래! 우리도 자신에게 후한 점수를 주는 법을 배워야 해.'

한 불법체류자 남편의 눈물

Chapter 4
만남에 관해

하얼빈이었던가, 어쨌든 중국 비행 때의 일이다. 승무원들이 미리 항공기에 탑승하여 여러 가지 준비를 하고 있는데, 갑자기 정비사님들이 우르르 들어왔다. 아홉 개쯤의 좌석을 뒤로 젖히더니 무언가를 설치하기 시작했다. 좌석 등받이를 다 뒤로 누이고 봉을 설치하고 침대 같은 것을 고정하더니 커튼까지 달았다.

매니저는 오늘 스트레처 stretcher, 들것 손님이 탑승한다고 알려주었다. 사지를 움직일 수 없어 누워서 비행기를 타야만 하는 손님을 위한 것이다. 몇 년 비행하는 동안 스트레처 손님은 처음이기 때문에 신기하기만 했다. 책으로만 배울 때는 별로 이해도 안 되고 그냥 그런가 보다 하고 넘어갔는데 실제로 보니 쉬운 작업은 결코 아니다. 정비사님들이 땀을 뻘뻘 흘리며 침대 위에 고정할 수 있는 벨트까지 설치하고 나서야 그 힘든 작업이 끝났다.

그러자 곧 중국인으로 보이는 여자 손님이 정말 들것에 실려 들어오셨다. 휴대 스트레처에서 비행기의 스트레처로 이동하는 작업도 매우 어려운 것이라, 우리 비행은 30분 이상 지연되고 말았다. 30분 지연이라는 것은 그만큼 출발이 늦어지는 것을 의미하고, 인천으로 돌아와야 하는 우리로서는 그만큼 퇴근 시간도 늦어지는 것이라 탄식이 안 나오려야 안 나올 수가 없었다.

'아, 딜레이네. 쩝.'

드디어 일반 승객의 탑승이 시작되었다. 손님들도 비행기에 침대 같은 것이 설치되어 있으니 신기한듯 힐끔힐끔 쳐다보았다. 이륙한 뒤에는 스트레처 손님의 인권보호를 위해 커튼을 달아 주위 사람이 볼 수 없도록 하였다. 나는 다른 손님의 식사 및 음료 서비스, 면세품 판매 등으로 여느 비행과 다름없이 바쁘게 하얼빈 공항에 도착했다.

공항에 도착한 뒤에야 그 손님에 대해 들을 수 있었다. 한국에 돈을 벌려고 혈혈단신 입국했다가 이런저런 사정으로 불법체류자로 남게 되었는데 결국 적발되었다. 그리하여 경찰에게 쫓기던 중 높은 곳에서 뛰어내렸는데, 그게 잘못되어 사지가 마비되었다는 이야기였다.

그때 한 남자가 창피하지도 않은지 엉엉 소리 내어 울면서 기내로 들어오더니 그 손님에게 달려가 대성통곡을 했다. 누워 있는 여자 손님은 움직이질 못하니 그저 눈물만 그렁그렁 흘렸다. 그 남자는 중국어로 계속 뭐라고 말했다. 나는 그들의 말을 하나도 못 알아듣지만 남자가 한 말이 무엇이었는지는 알 것 같다.

"왜 그랬어. 못난 남편 만나서 미안해. 미안해."

중국어를 아는 지점장님은 빨개진 눈으로 멋쩍게 웃으시며, "남편인데, 감정이 격해져서……."라고 하셨다. 나도 매니저님도 정비사님도 눈물바람이었다. 그녀는 대한민국 경찰에게는 단지 한 명의 불법체류자이지만, 그 남자에게는 정말 소중한 가족인 것이다.

잠시나마 불법체류자라고 하여 곱지 않게 생각했던 나 자신이 정말 바보 같았고 동시에 불법체류자도 고귀한 한 사람이라는 것을 깨달았다. 그래도 그녀를 위해 펑펑 울어주는 남편이 있어 한편으론 다행이다. 갑자기 먼 이국에서 사랑하는 가족들이 그리워진다. 집에 가면 꼭 안아줘야겠다.

Chapter 4
만남에 관해

Chapter 5

직업에 관해
Business affair

프로는 그냥 탄생하지 않는다

승무원 입사시험은 까다롭기로 유명하다. 엄청난 경쟁을 뚫고 합격통지를 받은 날, 이제 정말 불행 끝 행복 시작인 줄 알았다. "지긋지긋한 독서실이여, 이젠 안녕!"을 외치며, 각종 수험서와 정보 서적들을 싹 모아서 재활용 수거함에 내던지고 기쁨의 눈물을 흘렸던 것도 잠시, 혹독한 3개월의 신입교육이 시작되었다.

꼭두새벽에 일어나 한 올의 머리카락도 흘러내리지 않는 쪽머리를 만든다. 파리가 앉았다간 낙상할 정도로 매끈매끈하다. 네일숍 직원이 울고 갈 실력으로 새빨간 매니큐어를 바르고, 날렵한 손놀림으로 눈썹이며 립스틱을 칠한다.

머리와 화장만으로 한 시간이 넘게 걸리는 탓에 3개월의 교육기간 중 아침밥을 먹어본 적이 한 번도 없었다. 늦잠이라도 자는 날에는 출근하는 택시 안에서 화장도 매니큐어도 머리도 해치워야 한다. 택시가 신호대기에 걸리면 디테일을 요구하는 눈썹이며, 립스틱을 재빠르게 발라주는 센스!

날마다 계속되는 시험에 머릿속은 터질 듯 아팠고, 재시험이라도 걸리면 부담감에 창피함까지 감수해야 했다. 본격적인 롤플레이가 시작되면 실전을 방불케 하는 교관님의 날카로운 영어질문에 그저 땀만 삐질삐질 난다. 그 뒤에 날아오는 것은 "오늘 남으세요!"라는 교관님의 싸늘한 말뿐!

그렇게 믿었다. 그게 끝인 줄 알았다. 신입 수료식을 마치고 새로운 유니폼을 받아 든 순간 이제 진정 승무원이 되는 줄 알았다. 더 이상 시험과 공부는 내 인생에 존재하지 않는다고 굳게 믿었다.

입사한지 십 몇 년이 지난 지금, 이 자리에 오기까지 정말 수많은 교육과 테스트를 거쳐야 했다. 상위클래스인 비즈니스클래스, 퍼스트클래스 교육, 클래스의 리더가 되는 탑시니어 교육, 승무원의 리더가 되는 캐빈 매니저 교육에 이르기까지. 일련의 교육과정을 거치는 동안 테스트의 강도를, 교육의 혹독함을 견디지 못해 누락되거나 아예 사직을 한 동료도 몇 있었다.

무사히 교육을 마쳤다 할지라도 새로운 임무를 부여받아 익숙해지기까지 적응기간은 약 6개월 정도가 걸린다. 만약 장거리 해외비행에 갓 수료한 신입생이 있으면 우리끼리 우스갯소리로 이렇게 말한다.

"오늘 비행엔 승무원이 한 명 부족하겠네요."

이제 더 이상 올라갈 것 없는 캐빈 매니저의 자리에 오른 지금은 시험과 공부에 대한 스트레스도 이젠 안녕이냐고? 천만의 말씀이다. 바로

001
입사한지 십 몇 년이 지난 지금 이 자리에 오기까지 정말 수많은 교육과 테스트를 거쳐야 했다. 상위클래스인 비즈니스클래스, 퍼스트클래스 교육 클래스의 리더가 되는 탑시니어 교육, 승무원의 리더가 되는 캐빈 매니저 교육에 이르기까지.

법정훈련 때문이다. 1년에 한 번씩 거쳐야 하는 이 훈련 또한 만만치가 않다. 기내에 장착되어 있는 각종 장비의 위치와 사용법을 달달 외워야 함은 기본이고, 비상 시 대처하는 방법과 비상 탈출법을 사례별로 롤플레이 하고 테스트도 거친다.

이 훈련은 직급이 아무리 높아도 절대 피해갈 수 없다. 족히 2층 높이는 될 만한 위치에서 슬라이드를 타고 내리기를 반복하고, 비행기 모형에서 다이빙하듯 물로 몇 번씩 뛰어내려야 한다. 머리가 희끗희끗한 부장님이라 할지라도 훈련테스트를 통과하지 못하면 곧바로 비행정지에 재시험이다.

그랬다. 진정한 승무원은 그냥 탄생하는 것이 아니었다. 비상상황과 보안에 관한 복잡한 절차를 신속하게 수행할 수 있게 된 것도, 기내에 실리는 와인의 종류에 대해 막힘없이 설명할 수 있게 된 것도, 환자가 생기면 응급조치를 취할 수 있게 된 것도 그 지긋지긋한 교육 덕분이었다.

오늘도 투피스 정장을 입고 반짝반짝한 올백머리를 한 채 분주한 걸음으로 교육원으로 향하는 예비승무원들의 모습을 본다. 지금은 다듬어지지 않은 울퉁불퉁한 돌처럼 보이지만 그들도 언젠가는 빛나는 조약돌이 되리라. 나 역시 빛나는 조약돌이 되려면 아직 멀었지만, 끊임없는 자극이 존재하는 한 결코 나를 한 곳에 머무르게 둘 순 없다. 오늘도 진정한 승무원이 되기 위한 도전은 계속된다. 쭈욱~!

그녀는 왜 아름다운가

얼떨결에 승무원 입사 시험에 합격한 나는 처음에는 사회가 만만한 거라고, 해볼 만하다고 생각했다. 당시의 내게 자신감은 적정수위를 넘어 자만심의 끝까지 이르렀다. 하지만 현실은 냉정했다. 시간이 지날수록 자신감은 온 데 간 데 없어졌다. 더 예쁘고 실력 좋고 똑똑한 동료들이 너무도 많았다.

내가 가진 것에 만족하지 못할수록 자신에 대한 믿음도, 미래의 희망도 불투명해 보였다. 그땐 그랬나 보다. 마치 관객의 시선이 무대의 주인공만 쫓고 그 외의 사람들은 그저 배경인 양 무시하는 것처럼, 내가 최고가 아니면 아무것도 아니라는 어리석은 생각이 나를 점점 더 작아지게 했나 보다. 이제는 나이도 들고 조금은 성숙해졌는지 더 이상 그런 잣대로 나 자신을 평가하지 않게 되었다.

가끔 후배들이 "저는 별로예요."라거나 "저는 예쁘지도 똑똑하지도 않아요." 하고 강하게 자기부정을 할 때 그들이 얼마나 자신감과 열등감 사이를 오갔으며, 얼마나 자존심이 강한 사람인지가 보인다. 그래서는 결코 일상이 편안하지 못하다는 것도 안다. 한 사람을 아름답게 보이게 하는 것은 외모만이 결코 아니라는 것을 수십 번 아니 수백 번 깨닫는다.

얼굴 가꾸는 일 외엔 아무것도 하지 않아 머리가 텅 비어 보이는 후배 A양. 그녀와 장거리 비행을 가면서 이런저런 얘기를 나누다 깜짝 놀란 적이 있다. 음악에 대한 열정과 깊이가 얼마나 대단하던지! 재즈음악에 문외한인 내가 관심을 갖기 시작한 것도 그녀 덕분이었다. 헤드폰을 꽂아주며 익숙하게 척 맨지오니의 'feel so good'을 들려준다. 그날 이후 그녀를 보면 백치미가 아닌 지성미가 보인다.

어떤 후배는 어릴 때부터 만화를 너무 좋아했단다. 특히 일본 만화를 좋아했던 그녀는 틈틈이 용돈을 모아 만화를 사기 위해 일본으로 여행을 떠났을 정도였다. 그렇게 해서 수집한 만화가 무려 몇 천 권! 엄마가 "이놈의 만화들 내가 다 없애버린다"며 태워버린 것까지 합치면 1만 권은 될 거라나?

결국 그는 만화가 좋아서 미술을 전공하게 되었고 만화가 좋아서 일본어도 능수능란하게 공부하여 지금은 일본 남자와 행복한 신혼생활을 보내고 있다. 그녀와 비행하면서 만화의 심오한 세계, 만화에 대한 엄청난 열정을 접하고 신선하고도 강렬한 충격을 느꼈다. 조그만 체구의 그녀에게 풍기는 다부진 자신감, 좋아하는 것에 몰입할 수 있는 순수함이 전해지면서 그녀는 내게 너무나 아름다운 존재가 되었다.

사람의 눈을 보면 그를 알 수 있다고 했던가? 드러나든 드러나지 않든 자기 자신을 사랑하고 삶에 최선을 다하는 이는 맑은 눈을 가졌다. 자신을 잘 알고 현재의 모습에 만족하는 이는 흔들리지 않은 당당한 눈을 가졌다. 누구든지 대화하며 두 눈을 응시해보면 그의 진실함이, 진지함이 묻어 나온다. 진심은 진심으로 통한다는 말이 괜히 있는 것이 아니다.

나도 그 옛날의 '나는 못난이'라는 열등감을 벗고 어느 정도 삶의 여유를 찾았을까? 누군가 내 눈을 조용히 바라보면 흔들리지 않는 온화함을 느낄 수 있을까? 아직 멀었을 것이다. 아직은 내가 못났음을 흔들리는 두 눈을 통해, 어눌한 말투를 통해 남에게 각인시키는지도 모른다.

하지만 인생은 과정이고, 부족한 대로 오늘의 나를 인정하면서 살 수밖에 없다. 혹시 아는가? 어느 날 처음 비행을 한 동료가 나에게 이런 말을 건네게 될지!

"선배님은 참 당당하고 아름다워 보여요."

그랬으면 좋겠다. 정말 그런 사람이고 싶다.

동료에게 먼저
마음을 여는 방법

Chapter 5
직업에 관해

예정에 없이 가게 된 싱가포르 비행이어선지 그날은 그룹 비행도 아니고 친한 동료가 단 한 명도 없다. 이런 비행은 시작도 하기 전에 몸과 마음이 무거워진다. 비즈니스클래스의 후배는 정말 도도하고 새침해 보인다. 말도 통하지 않을 것 같고 동질감이라곤 느낄 구석이 전혀 없다. 그래서인지 나도 새침해진다. 말수가 적어지고 웃음이 잘 나오지 않는다. 비행 내내 손발이 맞지 않는 것 같아 우울하다.

싱가포르에 도착해 호텔로 들어간 나는 심한 우울감에 빠져 한동안 잠을 이루지 못했다. 결코 오갈 수 없는 섬이 된 느낌! 갑자기 호텔의 네모난 벽이 엄청난 중압감으로 다가오고 싱가포르의 야경이 잔인하게만 느껴졌다. 그 어느 곳에서도 따뜻함이란 찾아볼 수가 없다. 온기가 그립다.

후배에게 전화를 해서 맥주 한 잔 하자고 할까 생각하다 이내 접는

002

진한 동료애와 동질감 같은 일을 하고 비슷한 생활 습관을 갖고 비슷한 외향을 가진 사람들은 한 결같이 통하는 거였구나. 먼저 손 내미는 용기와 나를 내보일 수 있는 여유로움이 있어야겠다.

다. 분명 피곤에 지쳐 잠들어 있을 텐데, 전화하면 황당해하겠지. 거의 뜬눈으로 밤을 새고 식사를 하기 위해 함께 모였다. 전날과는 달리 맑은 날씨와 코코넛 나무, 잘 정돈된 빌딩 숲을 보니 기분이 한결 나아진다. 카페에 들어가 모닝커피와 함께 토스트를 먹으며 이런저런 얘기를 나누기 시작하자 어느새 두세 시간이 훌쩍 지나갔다. 처음에는 서로 낯설어서 함께하기도 부담스러웠는데.

돌아오는 비행기 안에서 나란히 앉은 그녀에게 이렇게 말했다.

"사실은 도착한 날 너무 우울해서 잠을 잘 수가 없더라고요. 왜 그랬는지 이유도 없이 말이에요. 전화해서 맥주 한 잔 하자고 하려다가 용기가 안 나서 그만두었어요."

그러자 그녀가 깜짝 놀라며 이렇게 말했다.

"선배님, 저도 그날 너무 우울했어요. 전화하지 그러셨어요. 저도 누군가와 이야기하고 싶었는데."

아! 이제 그녀가 더 이상 낯설거나 어색하지 않다. 진한 동료애와 동질감. 같은 일을 하고 비슷한 생활 습관을 갖고 비슷한 외향을 가진 사람들은 한결같이 통하는 거였구나. 어쩌면 다른 동료들도 나를 그렇게 생각할지도 모르겠구나 싶었다. 낯설고 어색하고 도도하다고! 먼저 손 내미는 용기와 나를 내보일 수 있는 여유로움이 있어야겠구나. 그러면 상대방도 기다렸다는 듯이 내 손을 붙잡아 주는구나. 이제 조금씩 깨닫고 있는 것 같다. 섬과 섬 사이를 소통하는 방법을 말이다.

Chapter 5
직업에 관해

진심을 다한 서비스가 최고의 손님을 만든다

회장님 하면 떠오르는 이미지는? 넓디넓은 이마에 숱이 적어도 한참 적은 데다 뚱뚱하고 위엄 있고 절대 웃지 않을 거라는 고정관념을 갖고 있을 때 그 회장님이 탑승했다. 아니, 처음에는 그분이실 거라는 생각조차 못했다.

짧은 스포츠머리에 스포츠셔츠와 청바지를 입고 아내와 손을 맞잡은 채 아주 반갑게 인사를 하며 좌석에 앉은 회장님. 컴퓨터로 조회해본 정보에는 분명 오십대 후반이었음에도 밝은 미소와 세련된 옷차림, 게다가 아내와 다정한 모습, 동행한 자녀들의 예의 바른 모습은 존경과 감동을 불러일으키기에 충분했다. 매번 눈을 마주칠 때마다 진심 어린 감사와 격려를 보내주고, 그 어떤 말도 소홀히 하지 않고 받아주었다.

세인들의 주목을 많이 받는 사람들은 늘 피곤하다. 하물며 비행기 안에서는 더할 것이다. 우리도 그의 근엄함에 짓눌려 옆을 지나가기조

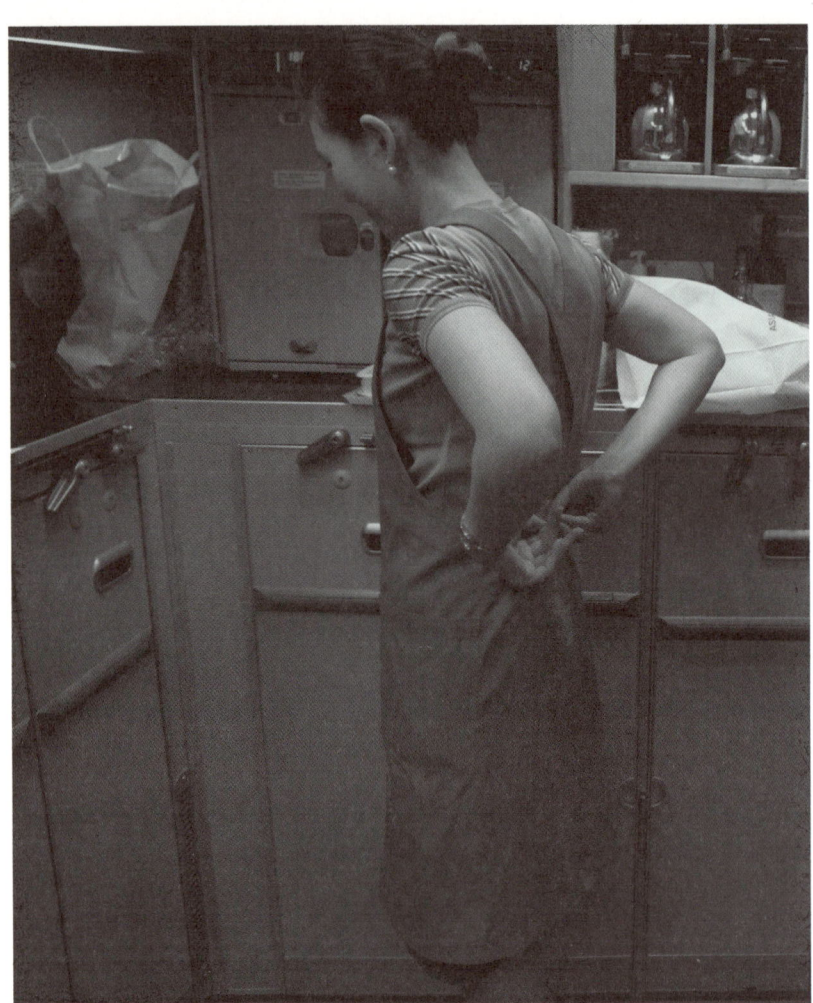

Chapter 5
직업에 관해

003

인생은 과정이고, 부족한 대로 오늘의 나를 인정하면서 살 수밖에 없다. 혹시 아는가? 어느 날 나 처음 비행을 한 동료가 나에게 이런 말을 건네게 될지.
"선배님은 참 당당하고 아름다워 보여요." 그랬으면 좋겠다. 정말 그런 사람이고 싶다.

차 어렵다. 그런데 세간에 이름이 꽤 알려진 사람들이 언론매체에서 보았던 것보다 훨씬 인간적으로 다가오는 경우도 많다. 아! 그들도 우리와 똑같은 사람이구나, 하는 평범한 사실을 뒤늦게야 깨닫는다. 친근함과 더불어 일상에서 배어나오는 인격의 깊이를 가늠하며 그를 더욱 존경하게 된다.

하지만 정말 의외의 모습도 본다. 기업의 회장님이 매너 없는 행동을 한다든지, 평소 좋은 이미지로 존경과 사랑을 받았던 유명인이 말끝마다 사람을 무시하는 명령 투를 내뱉는다든지, 윗사람과 지인이라며 능력 밖의 서비스를 요구한다든지, 수백 명의 다른 손님은 무시하고 본인만 극진히 대접받으면 된다는 생각을 가졌다든지 하는 경우다.

손님은 서비스를 받는 게 당연하다. 마찬가지로 승무원은 안전과 서비스를 책임져야 하는 것도 당연하다. 중요한 것은 어쨌거나 인간과 인간의 만남이라는 것이다. 굳이 말하지 않아도, 굳이 표현하지 않아도, 최소한 나와 동료는 최선을 다할 마음의 준비가 되어 있다. 왜냐면 직업을 사랑하고, 직업에 대한 자부심을 갖고 있기 때문이다.

기회를 주기도 전에 우리에게 불쾌함을 심어준다면 그가 원하는 것을 다 얻어낼 수는 있어도 마음은 절대 못 얻는다. 그가 사장이든 교수든 촌부든 사기꾼이든 상관없다. 서비스를 받을 준비가 되어 있는 손님이야말로 최고의 손님이다. 그에게는 형식뿐 아니라 온 마음을 다해 모실 것이다. 목적지까지 안전하고 편안하게!

시간 죽이기? NO!
자신만의 시간을 온전히 누려라

정말 시간은 쏜살같이 지나간다. 한 달 후 스케줄을 미리 받는 우리로서는 더더욱 그렇다. 분명히 미래인데도 한 달 뒤까지 미리 다 살아버린 기분이다. 일반 직장인들도 한 주 한 주가 정말 빠르게 지나간다고 생각할 것이다. 월요일인가 싶더니 금방 주말이 된다고 말이다. 승무원들은 더하다. 월초인가 싶더니 금방 다음 달 스케줄을 받아 본다. 아마도 요일 개념이 없는 생활, 규칙적이지 않은 생활 때문인 것 같다.

누구에게나 시간은 중요하다. 단 한 시간이라도 허투루 보내길 원하는 사람은 아무도 없다. 그럼에도 우린 때론 시간을 그저 잘 견뎌야 할 때가 많다. 서비스가 끝나고 모두가 잠든 시간이면 승무원들도 잠과 피로와 사투를 벌인다. 이때는 정말이지 시간이 제발 빨리 갔으면, 빨리 도착했으면 하는 바람이 간절하다.

장거리 비행이 있는 일주일은 너무도 허망하게 지나간다. 3박4일, 4

박5일을 갔다 오면 어느새 일주일이 뚝딱 지나가버린다. 분명 그 사이 우린 일을 했고, 해외에서 무언가를 했지만, 일상생활로는 결코 이어지지 않는다. 내 삶에 나는 항상 존재하지만 3박4일이라는 시간은 내 일상의 공백이다. 나의 부재인 것이다.

이렇듯 연결되지 않은 삶을 어떻게든 이어보려고 해외 체류 기간에 할 일에 대해 여러 가지 계획을 세워보지만, 시차의 문제와 더불어 외국이라는 낯선 환경이 결코 넘어설 수 없는 장애물이 된다. 어떻게 하면 아무 생각 없이 푹 쉬다 올 수 있을까를 고민해야 할 정도이다. 만약 잘 쉬고 오기만 해도 그 3박4일은 성공한 비행이다. 최소한 몸은 해치지 않아서 건강한 일상생활로 돌아갈 수 있기 때문이다.

딱히 할 일도 없고, 활동하기에 여러 가지 제약이 따르는 곳으로 비행을 오면 '시간 죽이기'는 더 심해진다. 제발 시간이 빨리 가서 한국에 돌아갔으면 하는 생각이 간절하다. 그러나 시간을 죽이다니 말도 안 되는 얘기다. 절대 안 될 말이다.

동료들 중에는 사고가 담백하고 감정적이지 않아 어느 곳에 있든지 계획대로 생활하고 잘 적응하는 이도 많다. 이른 아침에 시드니 항 주변 산책로를 조깅하거나 근처 도서관을 찾아가거나 커다란 카메라 가방을 들고 다니면서 다양한 포즈를 찾아내거나 혹은 퀼트, 십자수를 챙겨가서 한 코 두 코 완성해나간다. 그들에게 비행이란 더 이상 이벤트가 아니다. 그저 일터이고 일상일 뿐이다.

실타래처럼 얽히고설킨 인간관계를 잠시 접고 혼자만의 시간을 즐겨 보는 것이 얼마나 좋은가? 읽고 싶었는데 시간이 없어서 한 페이지 넘기기가 어려웠던 책 몇 권을 쌓아놓고 읽는 여유는 또 얼마나 값진가? 가족 때문에 할 수 없었던 영어공부를 할 수 있다는 것이 얼마나 유익한가? 네모난 호텔방에 처박혀 시간이 제발 빨리 가기만을 기다리며 나란 존재를 부재시키기에는 우리에게 주어진 시간이 너무 짧지 않은가?

Chapter 5
직업에 관해

004

실타래처럼 얽히고설킨 인간관계를 잠시 접고 혼자만의 시간을 즐겨보는 것이 얼마나 좋은가? 읽고 싶었는데 시간이 없어서 한 페이지 넘기기가 어려웠던 책 몇 권을 쌓아놓고 읽는 여유는 또 얼마나 값진가?

*다시 못 볼 것처럼
최선을 다하라*

실적, 공헌, 제안, 업무성취도, 이런 것도 있긴 하다. 그러나 그리 단순하지는 않다. 승무원으로서 상사에게, 동료에게 인정받기란 결코 쉬운 일이 아니다. 유니폼을 입고 회사에 들어서는 순간부터 '인정받기 프로젝트'는 시작된다. 한 올의 흐트러짐 없이 쫘악 말아올린 쪽머리, 잡티 하나 없이 잘 다듬어진 메이크업으로 또각또각 경쾌한 하이힐 소리를 내고 걸으며 나는 만나는 수많은 유니폼들에게 인사를 건넨다.

"안녕하세요?"

짐짓 상사라도 만나면 이미지 관리 프로젝트는 최고 빠른 속도로 작동되기 시작한다. 3천 명 중에 한 명이 아닌, 한 개인으로서의 이미지를 각인시킬 기회다.

승무원 사회의 인간관계는 느슨하고 자유롭다. 지난 일주일 내내 컨디션이 괜찮아서 기분 좋게 출근했다. 그런데 오늘은 간밤에 잠을 설친

탓인지 머리가 지끈지끈 아프다. 게다가 화장도 잘 안 되고 머리도 잘 안 만들어진다.

엉망이 된 기분으로 회사에 출근을 했는데 그날따라 정말 많은 사람을 만났다면? 오늘 만난 사람들을 다시 보게 될 확률이 몇 개월에 한 번 정도라면? 오늘 마주친 동료들의 머릿속에 내재된 나의 이미지는 그야말로 형편없을 것이다. 변명의 여지가 없다. 당장 내일 만나 이미지를 만회할 기회조차 없는 것이다. 함께 비행하는 선배에게 대들거나 후배에게 심하게 야단이라도 치면 금세 깐깐한 사람으로 소문이 난다. 내 진심이나 능력과는 상관없이 오해와 추측이 난무하는 이 느슨함과 자유로움.

새침해 보인다는 이미지가 강했던 나는 출산 뒤 복직을 하면서 굳게 다짐했다. 고정된 이미지를 바꿔보리라고. 처음 시작한 것이 바로 인사였다. 선배든 후배든 가리지 않고 환한 미소로 먼저 인사를 건넸다. 예전에는 잘 모르는 동료를 만나면 먼저 말 걸기가 어색해서 그냥 가만히 있곤 했다. 그러나 이제는 먼저 반갑게 인사하고 이런저런 얘기를 건넸다.

몇 년 뒤 나의 이미지는 정말 많이 바뀌었다. 여전히 겉모습은 고집이 세고 새침해 보이지만 실제로 나를 그렇게 평가하는 사람은 많지 않다. 무난한 사람으로 생각해주는 사람이 점점 더 늘어났다.

지금도 주변에는 본인의 잘못으로 또는 본의 아니게 이런저런 이유로 남의 입에 오르내리고 인정받지 못하는 동료들이 많다. 그러나 말하지 않아도 안다. 그들은 다시 노력할 것이다. 그리고 인간관계라는 어려운 숙제 앞에서 자신을 겸허하게 내려놓을 줄 아는 방법을 배우게 될 것이다. 누구나 예외가 될 수 없기에 아무리 미운 동료도 허허 웃으며 마음의 여백을 둔다. 분명 그도 내게 다른 이미지로 다가올 날이 언젠가는 올 것이다, 조만간.

Chapter 5
직업에 관해

웃음은 슬픔을 치유한다

컴퓨터에 의해 무작위로 선별된 런던 행 ○○편의 승무원들이 하나둘씩 브리핑실로 모인다. 바로 엊그제 함께 비행한 동료도 있지만, 1년 아니 훨씬 더 먼 기억의 저편에서 끄집어내야 할 정도로 오랜만인 동료도 있다. 생전 처음 보는 새내기 후배들의 어색한 인사말이 귓가를 스친다. 빙 둘러앉아 낯선 기운을 깨는 듯한 소곤소곤 속삭이는 대화가 어느새 재잘거리는 수다로 변할 때쯤 브리핑은 시작된다. 오늘 비행업무가 시작된 셈이다.

잇몸이 환히 드러나는 미소와 상냥한 어투로 상대를 대하는 모습은 한결같다. 그러나 비행기까지 이동거리인 한 시간 남짓한 사이에 결국 온화한 미소 뒤에 숨겨진 일상사에 대한 고해성사가 시작된다.

"○○씨, 정말 오랜만이다. 전에 세부 비행 갔을 때 함께 마사지 받고 해산물 요리 먹었던 게 1년 전이었나요? 아참, 결혼은 언제 해요? 사진

보여줬잖아요. 남자 친구가 잘생기고 키도 훤칠하던데……."

"선배님, 그 사람 며칠 전에 결혼했어요. 저랑 헤어진 지 두 달 만에 결혼하더라고요."

"……."

"선배님, 예뻐지셨네요. 좋은 일 있으세요?"

"좋은 일은 무슨! 어제 남편이랑 밤새 싸워서 기분 정말 안 좋은데!"

사연도 참 여러 가지다. 삶이라는 긴 여정의 어느 정점에서 만난 우리를 보니, 좋은 일을 겪고 있는 이도 있지만 힘든 시기를 견디고 있는 이들이 더 많다. 이렇듯 잠깐 안부를 묻는 사이에 기쁨과 걱정을 반으로 나눈다.

캐빈의 맨 뒤편에 서서 기내 서비스를 한창 진행 중인 후배 승무원들의 모습을 바라본다. 예의 잇몸이 환히 드러나는 미소를 머금은 채 서비스에 열중하고 있다. '아까 저 후배, 부모님 걱정에 한숨을 푹 쉬었는데…….'

슬픈 일을 뒤로하고 남을 웃겨야 하는 개그맨의 애환을 들은 적이 있다. 참 안되었다기보다는 오히려 다행이라는 생각이 든다. 슬픔이나 괴로움에 깊이 빠진들 무슨 이득이 있을까? 열심히 일하는 동안이라도 괴로움에서 벗어날 수 있어 얼마나 좋은가? 일하다 보면 소통하게 되고, 소통하다 보면 혼자 괴로워하는 것보다 훨씬 희망적인 결론에 도달

할 수도 있는 것 아닌가.

그런 의미에서 보면 억지로라도 웃음을 보여야 하는 일을 갖고 있어 정말 좋다. 전염성이 강한 웃음은 우리 자신뿐만 아니라 비행기에 탑승하는 모든 사람에게도 엔돌핀이 돌게 할 것이다. 그래, 그렇게 믿자. 그들 안에 감추어진 일상을 전부 알 순 없지만, 웃음을 드림으로써 잠시 기분이 좋아질 수 있다면 맘껏 웃는 거다.

그리고 웃는 자신들도 금세 감지할 것이다. 웃음으로 자신도 모르게 마음의 병이 빠르게, 아주 빠르게 치유되고 있다는 사실을.

승무원에 대한 일반적인 편견

월급이 많다

우리는 자영업자가 아니다. 대기업에 다니는 샐러리맨이다. 월급차이가 많이 난다면 같은 회사에 다니는 타부서 직원이 가만히 있겠는가? 물론 밤샘 근무하는 날이 많고, 해외에 일정기간 체류해야 하기 때문에 그에 대한 대가는 분명 있다.

결혼하면 그만둬야 한다

천만의 말씀! 우리 회사 승무원의 30% 이상은 기혼이며 그중 상당수는 자녀가 있다. 심지어는 아이가 셋인 아빠, 엄마도 있다. 그게 가능한 일인가 싶겠지만, 산전휴직·출산휴직·육아휴직을 통해 아이를 임신한 순간부터 출산 후 산후조리 기간까지 충분히 휴식을 취할 수 있다.

짧게는 1년, 길게는 2년까지 쉴 수 있기 때문에 다시 비행을 시작하려면 거쳐야 하는 관문이 만만치 않은 건 사실이다. 복직심사와 장기간의 교육을 받아야 하고 테스트도 통과해야 업무로 복귀할 수 있다.

엄마는 강하다! 출산 후 다이어트는 물론, 모자랐던 외국어 자격증을 획득하는 등 이전보다 더욱 멋지고 화려하게 돌아오는 이들이 정말 많다. 아줌마 파이팅!

예쁘다

일반인 기준으로 첫인상을 따져볼 때 예쁜지에 대해서는 자신이 없다. 이 세상에 얼마나 예쁜 사람이 많은가? 하지만 내 눈에는 동료들이 다 예뻐 보인다. 예쁘다는 느낌은 단지 외모의 출중함에서만 나오는 건 아닌가 보다.

항상 밝게 웃고, 상대방에 대한 배려가 넘치며, 자기 일에 대한 열정이 가득한 동료들을 보면 정말 예쁘다는 생각이 절로 든다. 아마 손님도 마찬가지로 느낄 것이다. 유니폼을 입고 기내에 있을 때 가장 예뻐 보이는 사람이고 싶다.

사치스럽다

사치하고 싶어도 보일 곳이 없다면? 우리는 매번 유니폼을 입는다. 심지어 교육을 받을 때도 유니폼 차림으로 받는다. 어쩌다 동료의 결혼식에 가면 웃지 못할 일들이 자주 벌어진다. 남자 승무원들은 결혼식 참석용 양복이 한 벌씩은 있다. 중요한 것은 철마다, 유행 따라 구입할 수 없다는 거다. 그래서 철 지난 양복을 입고 나타나기도 한다. 그들의 스타일이 좋으니 망정이지!

　여자도 결혼식 참석일이 다가올수록 걱정이 태산이다. 장롱을 뒤져보면 전부 캐주얼 의류밖에 없다. 우리가 해외에서 명품들을 맘껏 살 수 있다고 생각하지만 현실은 아니다. 승무원에 대한 세관법은 특히 엄격하다.

외국어를 잘한다

　부끄럽다. 영어? 그렇다. 영어는 꽤 잘하는 동료들이 많다. 그러나 다국어를 구사하지는 못한다. 일본어도 꽤 많은 승무원이 잘하지만 일반적으로는 기내에서 사용하는 간단한 대화 정도다. 탑승객이 모두 다 영어를 잘 알아들을 수 없기 때문에, 중국이나 러시아 같은 곳을 갈 때면 특정 단어만 달달 외워서 가기도 한다. 이것도 안 되면? 만국공용어가 있지 않은가. 바로 바디 랭귀지!

해외에 나가서 자유롭게 다닌다

　상대적으로 위험하지 않은 곳에 숙소가 있는 나라는 정말 자유롭게 돌아다닐 수 있다. 하지만 밤늦기 전에 돌아와야 하고 또 너무 멀리 나가면 변수가 생길 수 있기 때문에 매우 조심스럽다. 치안이 좋지 않은 곳에 가면 단체행동을 해야 할 때가 많다. 가끔 특정 지역에 대한 테러 경고나 지진, 태풍 등 악천후가 예상되면 그때부터는 정말 꼼짝없이 호텔에 갇힌다.

안 먹는다

자주 가는 동남아의 식당 종업원들은 우리가 먹는 양을 보고 깜짝 놀란다. 승무원은 정말 잘 먹는다. 어떤 곳에서든, 어떤 음식이든 가리지 않는다. 먹는 양에 비해 살이 덜 찌는 게 오히려 이상할 정도!

잘 논다

정말 말도 안 되는 소리다. 해외에 가면 일명 '방콕 스타일'이 많다. 힘든 비행을 마치면 체력이 다 소진되어 그야말로 쉬고 싶은 것이다. 동료들끼리 갖는 회식자리에서도 서먹한 분위기 때문인지 뒤로 빼는 사람들이 많다. 쉬는 날 뭐했느냐고 물으면 대부분 집에서 쉬었다고 대답한다. 그런데 이게 어찌된 일? 승무원 연말 파티나 송년 모임에 가면 정말 깜짝 놀랄 일이 벌어진다. 어떻게 그 많은 끼를 감췄을까 궁금할 정도로 노래 잘하는 사람, 춤 잘 추는 사람이 즐비하고, 마술쇼에다 악기까지! 알고 보면 '내숭 10단'이다.

어느 집단을 향해서나 편견은 존재한다. 나도 연예인에 대해, 부자에 대해, 특정 직업에 대해 편견을 아무렇지도 않게 얘기한다. 그러다 승무원에 대해 말도 안 되는 편견을 들으면 새삼 느낀다. 편견은 바늘구멍을 통해 보는 세상이라는 사실을. 활짝 마음을 열고 보면 어느 곳이나 어느 집단이나 어느 계층이나 똑같은 사람이 존재한다는 사실을!

Chapter 5
직업에 관해

005
진정한 승무원은 그냥 탄생하는 것이 아니었다. 비상상황과 보안에 관한 복잡한 절차를
신속하게 수행할 수 있게 된 것도, 기내에 실리는 와인의 종류에 대해 막힘없이 설명할
수 있게 된 것도, 환자가 생기면 응급조치를 취할 수 있게 된 것도 그 지긋지긋한 교육
덕분이었다.

서비스도 진화한다

"우리 항공사가 ○○선정 1위 항공사가 되었습니다."

방송이 나오는 순간 갤리에 있던 우리는 부담감과 더불어 부끄러움에 어쩔 줄을 모른다. '잘 해야 할 텐데' 하는 우리의 바람과는 달리 실수, 고장, 지연 등의 사건 뒤에는 늘 이런 원망이 뒤따른다.

"1등 항공사가 뭐 이래?"

휴대전화 생산업체는 품질 좋고 오래가는 제품을 만들기 위해 최선을 다하고, 게임업체는 좀 더 재미있는 콘텐츠를 위해 아이디어를 짜낸다. 우리는 최선의 서비스와 최고의 안전을 위해 애쓴다. 안전운항을 위한 인적 관리는 정말 체계적이고 구체적으로 운영된다.

안전을 위해서는 매뉴얼 작업이 제일 중요하다. 여기에는 창의력이나 독창성은 전혀 필요하지 않다. 전 승무원이 정해진 매뉴얼에 의해 움직여야 안전한 비행을 유지할 수 있기 때문이다.

항공여행을 자주하는 사람들은 잘 알 것이다. 항공사마다 방법은 다르지만 저마다의 규칙에 의해 승무원이 움직인다는 사실을. 만약 실수로 경미하나마 사고가 생기면 매뉴얼을 수정하고 승무원을 재교육 시킨다. 인적 요소로 인한 실수를 제로화하기 위한 노력은 정말 필사적이다.

비행기를 탄다는 자체만으로도 감격스러운 시대가 있었다. 그러나 지금은 항공업계도 무한경쟁시대다. 초창기에는 있지도 않았을 '고객의 소리'가 항공업계의 서비스를 이렇게 저렇게 바꿔놓는 시대다. 초등학생일지라도, 말이 안 되는 억지소리라도 절대 간과하지 않는다. 하루에도 몇 개씩 새로운 제안과 방식이 쏟아져 나온다. 날마다 회사 사이트에 접속해서 공지사항을 읽고 숙지해야 한다.

컴퓨터나 휴대폰만 진화하는 것이 아니다. 보이지 않는 '서비스'도 진화한다. 과거 10년의 차이가 현재는 1년의 차이밖에 안 된다고 한다. 오늘도 "1등 항공사에 선정되었습니다."라는 방송문구가 절대 부끄럽지 않도록 최선을 다하리라 다짐한다.

머릿속 기억장치에서 업데이트한 새롭게 바뀐 서비스 표준과 이미 기억장치에 보관되어 있던 서비스와 안전 매뉴얼을 열심히 끄집어낸다. 그래, 나는 가장 최신 사양으로 업데이트 된 서비스맨이다. 보안요원이다. 안전책임자다.

'진상' 손님은 우리를 단련시킨다.

한번은 핸드폰을 바꾸려고 동네의 핸드폰 매장을 찾았다. 어느 것이 DMB가 되는지, 영상통화가 되는지 이것저것 꼼꼼하게 보고 있는데 한쪽에서 큰 소리가 들렸다.

"아 글쎄, 저번에는 했다니까!"

"아, 그러셨어요. 어쩌죠? 이번 달부터 시스템이 변경되어서요, 여기서는 안 되시고요. 바로 옆길로 5분만 가시면······."

"아니, 이 아가씨가! 해달라면 해주는 거지, 말이 많아! 저번에 했다는데도!"

"불편을 드려서 죄송합니다. 저도 해드리고 싶은데 시스템이 여기서는 불가능합니다. 번거로우시더라도 조금 시간을 할애하셔서 그쪽 가서 처리하셔야 해요."

"이봐 아가씨, 내가 그렇게 한가해 보여? 나 바쁜 사람이야. 이것 때문에 여기까지 왔으니까 빨리 납부해줘요!"

잘은 모르겠지만, 핸드폰 요금 납부 건으로 실랑이가 벌어진 것 같았다. 막무가내 유형.

갑자기 예전에 비행기에 만난 한 손님이 생각났다.
"내가 너네 팀장 ○○랑 아주 각별한 사이니까 비즈니스 석에 앉아도 되지?"
"손님, 저희에게 그럴 권한이 없다는 것을 더 잘 아시잖아요."
"그 권한 내가 줄 테니 그런 줄 알지."
"제가 일등석 부럽지 않게 서비스 해드리겠습니다. 저희 팀장님과도 각별한 사이시니 제가 더 노력하겠습니다."
"잔말 말고 빈자리나 알려줘."

갑자기 뒷골이 당겼다. 내 일도 아닌데도 자꾸 그쪽 일에 신경이 쓰였다. 갑자기 옆에서 핸드폰을 고르던 한 남자 고객이 못 참겠다는 듯이 말했다.
"여보세요, 아저씨! 안 된다고 하잖아요! 나 참 시끄러워서."

결국 그는 밖으로 쫓겨날 때까지도 애꿎은 매장 여직원에게 심한 욕을 퍼부으며 다른 모든 손님의 미간을 찌푸리게 했다. 나를 포함해서.

어딜 가나 소위 이런 '진상 손님'이 있게 마련이다. 비행기 안이라고 예외도 아니고, 오히려 더 많은 진상 손님을 양산하는 구조라고 할 수 있다. 갇혀 있는 공간, 협소한 좌석. 아주 평범한 사람도 예민함의

칼날을 내밀게 하는 곳이다. 그런 공간에서 모든 손님에게 만족감을 선사하는 것은 어쩌면 불가능할지도 모르겠다.

사실 승무원도 사람인지라 진상 손님을 만나면 속으로 '이런 돌+아이, 돌+아이' 하며 꾹 누를 때가 있는데, 피가 거꾸로 솟는 울분을 참을 능력이 있으면 승무원이요, 못 참으면 다른 일을 찾아야 되겠다.

친한 동기가 비행한 지 얼마 안 된 풋풋한 신입 승무원이었을 때의 일이다.

"손님, 맛있는 커피 한 잔 어떠십니까?" (이런 촌스러운 멘트는 신입이기에 가능했다.)

커피를 한창 서비스하던 동기에게 한 남자 손님이 "정말 그 커피 맛있어요?" 하고 물었고 동기는 해맑게 그렇다고 대답했다. 그러자 그가 말했다.

"난 커피보다 다른 게 더 맛있어 보이는데."

이번에는 나리타 비행이었던 것 같다. 꽉꽉 좌석이 들어찬 비행이었고 내가 일명 '이와이 짱'_{일반석 최고참 승무원}이었다. 일반석의 모든 손님을 컨트롤해야 한다는 책임감과 함께 열정이 넘치던 시절, 한국인 남자 손님이 부르더니 옆에 앉은 일본 남자 손님에게서 냄새가 너무 심하게 나니 좀 씻고 오든지 들썩들썩하며 냄새피우지 말라고 주의를 주라는 것이었다.

그런 문제로 승무원이 손님에게 주의를 줄 수 없다는 것쯤은 사실

누구나 알고 있다. 게다가 바꿔드릴 좌석도 없는 만석 비행이었던 그날, 나는 난감함을 감추지 못하고 거듭 '편안히 모시지 못함에 대해 죄송함'을 표했다. 공기 청정제를 한국인 손님 주위에 정성껏 뿌렸지만, 결국 그 손님 앞에서 30여 분을 사죄하며 무릎 꿇고 있어야 했다.

한국인 손님이 생각하시기에 '나'라는 승무원은 외국인 선호의식에 빠져 일본인이라면 무조건 된다는 생각을 가지고 있으며, 본인은 국적기에 탔음에도 사대주의에 빠진 승무원 때문에 본인의 권리를 다 찾지 못했다고 하였다. 또한, 일본 구간에 탑승하는 국제선 승무원이 일본어를 못하는 탓에 일본 손님에게 주의를 주지 못한 것도 있을 수 없는 일이라 하였다. 본인은 인터넷을 매우 잘하니 오늘 이 일을 그냥 넘어가지 않을 것이며, 심지어 내가 승무원을 계속하는 것은 한국인으로써 수치라고도 했다.

또 한번은 LA 비행에서 벌어진 일이다. 한 아주머니가 두리번거리며 뒤쪽으로 오시기에 "손님, 화장실 찾으십니까? 이쪽입니다. 제가 문을 열어드리겠습니다." 하고 말했다. 그러나 그분은 예상치 못하게도 "아니, 이 아가씨가! 내가 비행기에서 화장실도 못 찾는 촌뜨기 아줌마로 보여요?"라고 타박하는 것이 아닌가.

사실 나도 타 항공사를 이용하면서 우리 회사에는 없는 기종을 타고 화장실을 못 찾아 헤맨 적이 있었다. 그래서 손님들에게 화장실을 적극적으로 안내해야겠다고 생각한 것이 '화근'이 될 줄은 전혀 몰랐다.

Chapter 5
직업에 관해

사람들은 '에이 설마, 그런 경우가 있을까?' 하고 생각하거나 '승무원이 생각보다 너무 힘든 직업이네' 하며 동정의 눈으로 볼지도 모르겠다. 하지만 거꾸로 생각하면, 이런 진상 손님 덕분에 승무원이 평균보다 조금 많은 월급을 받고, 남들보다 조금 큰 직업적 성취감을 느낄 수도 있는 게 아닐까.

대학시절에 도예 수업을 들었는데 현직 도예가로 활동하던 선생님께서 "도자기를 왜 만드느냐?"라고 질문하신 적이 있었다. 우리는 "예쁜 접시를 만들려고", "내다 팔려고" 등등 현실적인 대답을 하였다. 교수님은 "도자기는 깨기 위해 만들고, 깨지기 위해 존재한다"는 다소 철학적인 말씀을 하셨다. 그때는 "에이 뭐야, 말장난이잖아." 하고 웃어 넘겼다.

그런데 지금, 도예와는 전혀 다른 길을 걷고 있는 나에게 선생님의 말씀이 다시금 새겨진다. 승무원도 손님들에게 '깨지기 위해' 존재하는 것일까?

내가 핸드폰을 고르자 매장 직원이 밝게 웃으며 핸드폰을 꺼내서 보여준다. 조금 전에 욕을 들은 사람 같지가 않다. 사실 나는 손님으로 이 매장에 왔는데도 소동을 겪고 상처받았을 이 직원의 눈치가 보였다. 어린 나이에 심한 욕을 들었으니 눈물이라도 보이면 어쩌나 하고 말이다. 매장 직원에게서 묘한 동질감이 느껴져서일까. 나도 모르게 오지랖을 펼치고 말았다.

"그 아저씨 말은 신경 쓰지 마세요. 이상한 아저씨라고 생각하세요."

그러자 직원이 오히려 나를 위로하며 "놀라셔서 어떡해요."라고 말한다. 그러고는 밝은 웃음과 함께 조곤조곤 핸드폰 성능에 대해 설명해준다. 작은 핸드폰 매장에 있는 직원의 프로정신에 놀랍다 못해 존경심이 일었다. 그녀는 분명 남들이 할 수 없는 일을 하는 것이다. 어쩌면 그런 자갈밭 일을 즐기는지도 모르겠다.

훌륭한 도공일수록 자기 작품을 많이 깬다지. 깨고 깨고 또 깨면 훌륭한 도자기가 남으니까. 도공은 그 사실을 아는 것이고, 그래서 훌륭하다.

Chapter 5
직업에 관해

눈치 100단 재치 100단 승무원

항공사에서 승무원을 뽑는 기준은 영어, 외모, 인상, 체격조건 등 일 것이다. 하지만 실제 승무원 생활을 하다 보면 더 필요한 것이 있으니, 바로 눈치와 재치다.

기내에서는 엄격하게 각자의 임무가 규정되어 있다. 가히 군대 조직과 버금가는 책임감과 의무감이 따른다. 안전운항 절차를 지키기 위한 명령자가 있어야 하며, 그에 반한 어떤 행동도 해서는 안된다. 그러다보니 유독 선,후배 관계가 엄격하다. 중·고등학교 동창이라도 비행기 내에서는 예외가 아니다. 깍듯이 선배의 지시에 따라야 한다.

호랑이가 담배 피우던, 아니 실제로 비행기에서 담배 피우던 시절에는 최고참 선배가 후배들을 갤리에 모아놓고 다섯 시간 내내 훈육을 시켰다거나 선배에게 야단을 맞고 기내 화장실에서 엉엉 울었다거나 하는 일이 전설처럼 내려온다.

사실 나도 막내 시절에는 목이 타들어갈듯 마른데도 선배가 드시지 않아 물 한 모금 먹지 못한 기억이 있다. 목이 쩍쩍 갈라져서 이러다 죽겠구나 생각이 들 때 손님이 주문하신 것처럼 연기하면서 물 한 잔을 들고 나와 몰래 벌컥벌컥 마신 적도 있었다. 지금 생각해보면 물 먹는다고 뭐라 할 선배는 아무도 없는데, 그때 그 시절에는 선배님이 왜 이리 무서웠는지. 눈물겨운 추억이다.

이렇듯 승무원이라면 먹기 싫어도 먹어야 하는 것이 눈칫밥이라, 이 바닥에서 눈치 없이는 그만큼 살아남기 힘든 것이 사실이다.

재치는 좋은 말이 재치지, 사실 능구렁이 같다는 표현이 더 어울린다. 기내에서 징그러운 아저씨 손님들이 추파를 던질 때도 재치 있게 넘어가야지 섣불리 응대했다가는 이래저래 큰일이다. 또 승무원이 손님께 잘못 응대했을 때도 무릎 꿇고 싹싹 비는 것보다 능구렁이처럼 능글능글 넘어가는 것이 더 좋을 때도 있다.

한번은 비즈니스클래스 손님이 위스키 중 가장 고급으로 가져오라고 했는데, 승무원이 발렌타인 17년산을 준비해 드리면서 손님께는 30년산이라고 안내했다. (참고로 비즈니스 석의 위스키는 시바스리갈 18년산과 발렌타인 17년산이 있다.) 응대한 승무원은 손님을 속이려 한 것이 아니고, 잠시 착각해서 실제로 30년산인 줄 알고 안내한 것이다.

어쨌거나 이 사실을 안 손님은 속았다는 생각에 노발대발했고 승무원은 안절부절못했는데, 이에 최고참 승무원이 재차 사과하러 손님께 갔다. 나머지 승무원은 갤리에 숨어서 그 상황을 엿보고 있었는데, 잠시 후 손님이 껄껄 웃는 것이 아닌가. 우리가 최고참 선배님께 어떻게 하셨느냐고 묻자 선배님 대답이 재치 만점이었다.

"이 발렌타인은 17년산이지만 제가 입사했던 13년 전에도 실렸으니, 기내에서 13년 더 묵어 합해서 30년이 된 위스키입니다!"

그러자 손님은 "승무원이 잘못 소개했지만 어찌 보면 맞는 이야기일 수도 있다"라고 하셨단다. 손님은 고참 선배의 13년 묵은 노련함에 화가 풀리신 게 아닐까. 나중에 시어머니가 되면 비행기 10년 이상 탄, 한눈에 '딱 하면 척!'인 눈치 빠른 능구렁이 승무원 며느리가 제일 무서울 것 같다.

Chapter **6**

일상에 관해
Daily affair

LA의 잠 못 드는 밤

고요하다. 차 지나가는 소리마저 들리지 않는 새벽, 지금쯤 누군가는 텔레비전에, 누군가는 소설책에, 누군가는 게임기에, 누군가는 전화기에 의지한 채 이 밤을 견디고 있을 것이다. 지구 반대편에서 밤을 보내기란 결코 쉬운 일이 아니다. 당장 내일 아침에 한국행 비행기에 탑승해야 한다. 열두 시간의 비행을 버티려면 밤에 잘 자야 하는데 정신은 점점 말짱해지고 날은 밝아온다.

아! 안 돼! 다섯 시간밖에 안 남았어. 이제라도 자야 해! 좋아하는 커피도 하루 종일 굶었다. 카페인을 자제하면 잠이 잘 올까 해서다. 또 우리나라 시간으로 한밤중이라 정말 일어나기 힘들었는 데도 억지로 쇼핑몰에 갔다. 근처 바닷가에서 사진도 찍고 쇼핑몰에서도 한참을 걸으며 몸을 피곤하게 혹사시켰다.

그뿐인가? 들어오자마자 따뜻한 물을 욕조에 받아 족욕을 하고 숙면에 도움이 되는 차도 마셨다. '그래! 이 정도면 충분히 잘 준비가 된 거야.' 생각하며 가방에서 제일 지루하고 재미없을 듯한 책 한 권을 꺼내 들었다.

그런데 역시나 온몸이 욱신거릴 뿐 잠은 오지 않았다. 뭘 좀 먹으면 잘 수 있으려나 냉장고를 뒤져보니 어제 사둔 과자며 과일을 다 먹어치운 지 오래다. 삐융삐융 하고 청소차가 지나가는 소리가 들린다. 벌써? 으악! 세 시간밖에 안 남았어.

"어? 선배님, 어제 못 잤구나? 눈이 벌건데."

"딱 30분 잤잖아. 밤새고 겨우 잠들었는데 모닝콜이 울리더라고. 정말 죽고 싶더라."

"저도 두 시간밖에 못 잤어요. 그래도 성공했지. 두 시간이라도 잔 게 어디야."

"부럽다. 커피나 내려 마시자. 사발로 들이켜도 모자랄 판이야."

결국 이번 비행에도 시차 적응에 실패한 채 커피로 각성하며 한국까지 가야 한다. 매번 이 순간이 제일 괴롭다. 최상의 컨디션이 아닌 상태에서 비행해야 하는 것 말이다. 지인들은 내게 "아직 젊네. 난 베개만 닿으면 잠드는데."라고 위로한다. 눕자마자 곯아떨어진다는 그 사람이 너무 부럽다.

비행기에 들어서자 긴장감 때문인지 잠이 싹 달아난다. 신선한 커피 한 잔을 마시며 전의를 다진다. 이제 별로 걱정이 되지 않는다. 늘 잠이 부족한 상태에서 한국행 비행기를 타지만, 어떻게 열 몇 시간이 지나갔는지도 모를 정도로 긴장과 분주함 속에서 금세 일정이 흘러가버리니

001

지구 반대편에서 밤을 보내기란 결코 쉬운 일이 아니다. 당장 내일 아침에 한국행 비행기에 탑승해야 한다. 열두 시간의 비행을 버티려면 밤에 잘 자야 하는데 정신은 점점 말똥해지고 날은 밝아온다.

까. 집에 돌아가 피곤하고 지친 몸을 누이면 두 배, 세 배 편안하겠지. 내일은 맘껏 늦잠을 자야지. LA에서 못 잔 것까지 합쳐서.

Chapter 6
일상에 관해

내가 사랑하는 것들
My favorite scene

백야 때 끝없이 펼쳐지는 알래스카의 산과 평원들.
비행기 위엔 새파란 하늘, 비행기 아래는 양털구름.
짙은 먹구름 사이를 비집고 나오는 태양.
새벽 동트기 전 동해에 별처럼 촘촘히 박혀 있는 고기잡이 배.
비행기 창 밖 눈높이와 나란히 가고 있는 둥근 달.
저 밑으로 조그맣게 열심히 따라오는 다른 국적의 비행기.
땅에서 보는 것보다 두 배는 크고 반짝거리는 별들.
긴 꼬리를 만들며 순식간에 사라지는 혜성.
오래된 도시의 빨간 지붕과 호수들.
그리고
모두 잠든 시각, 행여 우는 아이 때문에 다른 사람들 잠 깰까 서둘러 우유를 준비하는 엄마의 손길.

휴식도 반납한 채 아픈 손님을 돌보는 어느 의사 선생님.
혼자 여행하는 아이를 제 자식처럼 돌봐주는 옆자리의 아주머니.
잘 왔다며 손을 덥석 잡아주시는 따뜻한 손의 할머니.
이들이 있어서 우리의 모습도 더불어 아름다워진다.

Chapter 6
일상에 관해

2050년, 이런 비행을 꿈꾸시나요?

2050년 5월 x일.

개빈 양은 뉴욕행 비행을 가기 위해 집을 나선다. 잊어버린 게 없나 다시 한 번 살핀다. 챙길 건 단 하나. 목걸이형 이동식 저장 칩만 있으면 만사 오케이다. 회사에 가서 로비라운지에 있는 컴퓨터에 접속하여 이동식 칩을 꽂으니 그날 비행에 필요한 정보가 단 몇 초 만에 전송된다.

이것으로 비행준비 끝! 기내에 들어서자마자 기내에 장착된 컴퓨터에 칩을 꽂는다. 부팅이 되면서 갤리에 있는 대형모니터를 통해 비행기의 점검상태, 탑승자 명단, 주문한 식사리스트 등이 디스플레이 된다.

태평양 상공.

모니터가 깜박이며 신호음이 울린다. 30B 미국인 브라운 씨가 얼음이 든 보드카 한잔을 주문했다. 모니터를 통해 남아 있는 보드카의 양을 체크한다. 아직 충분하다. 버튼을 클릭하자 실시간으로 30B좌석 위에 장착된 버튼이 깜박댄다. 브라운 씨가 손을 뻗어 버튼을 누르고 컵을 갖다 대자 얼음과 함께 시원한 보드카가 채워진다.

브라운 씨는 문득 회사에 중요한 서류를 두고 왔다는 생각을 한다. 좌석 앞의 20인치 모니터를 켜서 비서에게 문자메시지를 보낸다. 잠시 후 개빈 양은 브라운 씨에게 온 서류를 팩스로 전송 받아 전달해준다.

이때 난기류 지역을 통과한다는 방송이 나온다. 좌석벨트가 자동으로 조여지면서 좌석은 유동모드로 전환한다. 비행기의 어떠한 흔들림도 감지할 수 없다. 비행기가 흔들리는 역방향으로 좌석이 유동적으로 움직이기 때문이다.

'구름층을 통과하고 있나?'

갑자기 궁금해진 브라운 씨는 모니터의 에어쇼를 확인한다. 비행기 앞부분에 장착된 고성능 카메라 덕분에 화면을 통해 비행기의 항로를 관찰할 수 있다. 구름층은 보이지 않는다. 저 밑으로 양떼구름이 옅게 펼쳐져 있을 뿐이다.

뉴욕에 도착해 탑승객들이 다 내린 후 개빈 양은 비행기를 돌며 각종 시스템과 기내를 점검한다. 모든 게 이상무! 출국장으로 나가니 탑승객들은 벌써 거의 다 수속을 끝낸 상태다. 셔틀버스에 장착된 인터넷 전화로 서울의 가족에게 안부전화를 하다 보니 어느새 호텔 도착이다.

내일부터 맨해튼 메트로폴리탄 박물관에서는 〈2009년 추억의 사진

전〉이 열린단다. 옛사람들은 어떻게 살았을까 갑자기 궁금해진다. 내일은 동료와 함께 맨해튼이나 나가볼까?

이때 옆에 있는 동료가 내 어깨를 툭 친다.
"왜?"
"선배님, 서비스 나가셔야죠. 밖을 보세요. 식사가 나오길 기다리는 손님들 200분의 뜨거운 시선을……"
아, 잠시 엉뚱한 상상을 해보았다. 미래의 어느 날엔 정말 그런 일이 벌어질까? 상상하기에는 분명 너무나도 편리할 것 같지만, 막상 그 시대를 산다면 또 다른 편리한 미래를 꿈꾸겠지.

지금 현재도 과거의 어느 시점에서 보았을 땐 분명 꿈같은 세계일 것이다. 서울에서 뉴욕까지 단 열네 시간 만에 갈 수 있고, 버튼을 누르면 250도로 빵빵하게 구워지는 오븐과 당기기만 하면 뜨거운 물이 콸콸 나오는 워터 보일러가 있고, 버튼 하나로 손님이 우리를 원하는 시점을 바로 알 수 있으며, 50개나 되는 영화채널이 나오는 10인치 비디오가 장착된 '2009년 버전 꿈의 비행기'. 이 속에서 나는 살고 있지 않은가.

더 좋은 미래가 분명 있겠지만 내가 존재하는 이 현실이 좋다. 아직은 사람과 사람이 언어와 몸짓으로 소통할 수 있는 현실이.

우리 엄마는
     승무원이에요

Chapter 6
일상에 관해

    자극적인 파마액 때문에 머리가 근질거리는지 미용실 의자에 앉은 아이가 진저리를 친다.
    "우리 꼬마손님, 지루하구나! 이제 거의 다 되었어요. 조금만 참으면 엄마가 집에 가서 맛있는 요리를 해주신대요."
    "우리 엄마가 할 줄 아는 요리는 계란프라이하고 라면밖에 없는데요?"
    당황한 기색이 역력한 미용실 직원과 눈이 딱 마주친다. 짐짓 모른 척, 이미 글이 눈에 들어온 지 오래되었을 잡지의 한곳을 응시한다.
    "하하하! 그러면 요리는 누가 잘해?"
    "할머니요!"
    그렇다. 아이는 내가 주방에 있는 모습을 거의 못 보고 자랐다. 미안한 마음이 들기도 하련만, 정작 현실은 그렇지 않다. 아이는 내가 요리를 할 줄 모른다는 사실을 부끄럽고 불편해하기는커녕 심지어는 자랑스럽게까지 여긴다. 남편도 마찬가지다. 친구들 모임에 가서 화제가 그쪽으로 돌려지면 내가 얼마나 집안일에 잼병인지 신바람이 나서 늘어놓는다.

그럴 때면 겉으로 티는 안 내지만 정말 기분이 좋다. 나는 안다. 아이와 남편의 말 속에는 집안일 못지않은 힘든 일을 하고 있는 엄마를 격려하는 마음이 담겨 있다는 것을.

예전에 비행하면서 아이를 데리고 간 적이 있었다. 엄마의 색다른 모습이 보기 좋았나 보다. 요리 잘하는 엄마를 둔 친구에게도 전혀 꿀리지 않는단다.

"엄마는 요리 대신 비행을 잘하잖아."

아직까지는 여성에게 결혼이나 출산이 넘기 어려운 커다란 산이다. 출산과 육아의 어려움을 견디지 못하고 직장을 그만두는 승무원도 있다. 어쩌면 출퇴근이 일정한 다른 샐러리맨보다 우리가 더많이 불리하다고 할 수도 있다. 한 번 나가면 며칠씩 집에 돌아올 수 없기 때문에 할 수 없이 다른 이의 도움을 빌려야 한다. 울며불며 떼쓰는 아이를 매정하게 뿌리치고 집을 나서야 할 때의 심정이라니!

어려운 시절을 거친 선배들은 잠깐만 참으면 된다고 말하겠지만 당사자에게는 얼마나 고통스러운 일일까? 이럴 때 가족들이 "뭘 고생스럽게 직장을 다니려고 해? 그냥 집에서 애나 키우지."라고 한다면 얼마나 힘들지 상상도 되지 않는다. 하지만 정말 다행스럽게도 많은 승무원의 가족이 아내를, 딸을, 엄마를, 아빠를, 남편을 적극 지지해준다.

미용실에서 돌아오는 길에 아이에게 묻는다.

"다른 엄마들은 요리도 잘하고 매일 집에 있는데, 엄마도 그럴까?"

아이가 고개를 절레절레 젓는다.

"엄마는 비행 좋아하잖아. 비행하는 엄마가 자랑스러워."

순간 가슴이 뭉클해진다. 오늘도 아이는 학원이나 친구 집에 가서 그렇게 얘기할 것이다.

"울 엄마는요, 승무원이에요."

그 말 때문에 겪어야 할 선입견이 두렵긴 하지만 이것 또한 내 몫이라면 즐거운 마음으로 감수할 테다. 결혼을 하고 아이가 있으니 아줌마인 건 분명하지만, 내 아이에게만은 정말 특별하고 멋진 아줌마로 영원히 남을 수 있음이 더할 나위 없이 행복하다.

002

결국 이번 여행에도 시차 적응에 실패한 채 커피로 각성하며 한국까지 가야 한다. 매번 이 순간이
제일 괴롭다. 최상의 컨디션이 아닌 상태에서 비행해야 하는 것 말이다.

승무원 딸을 둔
어느 엄마의 일기

Chapter 6
일상에 관해

시드니까지 열 시간 남짓한 비행, 맨 뒷자리지만 행복하다. 빨간 앞치마를 두르고 환하게 웃으며 걸어오고 있는 저 승무원이 내 딸이라고 아무에게나 자랑하고 싶다. 딸아이는 나를 스윽 쳐다보더니 보일 듯 말 듯 미소를 짓고 지나쳐 간다. 조금은 피곤해보여서 안쓰럽기까지 하다. 얼마 안 있으니 나이 지긋한 남자 승무원이 내 쪽으로 걸어온다.

"어머님, 반갑습니다. 캐빈 매니저입니다. 따님을 아주 잘 키우셨습니다. 얼굴도 예쁘고 비행근무도 잘합니다. 칭찬을 많이 받아요."

"잘 봐주셔서 감사합니다. 앞으로도 잘 부탁드릴게요."

딸이 대견스러워 연신 어깨가 들썩인다.

남들은 불경기에 해외여행을 한다며 부러워한다. 딸아이의 부담이 컸을 것이라는 생각에 미안한 감이 없잖아 있었는데 딸아이는 "빈자리가 있을 때 탈 수 있는 티켓으로 끊었어요. 아주 싸요." 하고 말한다. 요금을 들어보니 정말 싸다. 이런 좋은 혜택도 있었구나! 시드니에 도착하니 승무원을 태우러 셔틀버스가 도착해 있다. 조종사와 다른 승무원에게 양해를 구하고 셔틀버스를 얻어 타기로 했다.

"앞좌석에 편하게 앉으세요."

정말 마음 따뜻한 동료들이다. 서큘러 키 근처에 있는 호텔에 체크인을 마치고 들어가니 창 밖으로 오페라하우스가 보인다. '이런 고급 호텔에 공짜로 묵을 수 있다니.'

자주 와본 곳이라 그런지 딸아이의 행보는 막힘이 없다. 첫날엔 버스를 타고 시드니 근교 해변을 돌아다녔다. 유명한 초콜릿 퐁듀도 먹고, 깎아지른 듯한 절벽도 구경하면서 보냈다. 밤에는 오페라하우스 근처의 야외카페에서 커피 한 잔! 한국은 아직 겨울인데 이곳은 따뜻해서 살랑살랑 불어오는 바닷바람이 여간 상쾌하지 않다. 둘째 날은 현지 여행사 상품으로 포트스테판을 다녀왔다. 어린애처럼 신나서 모래썰매도 타고 쇼도 보고 배도 탔다.

이틀이 어떻게 지나갔는지 모르겠다. 3박4일로 정말 짧은 일정이지만 즐겁고 편하게 여행했다. 아무리 잘된 패키지 상품이라도 이처럼 편할 수는 없을 것이다. 딸아이가 직접 서비스하는 비행기에 타고, 마치 옆 동네 구경하듯 딸아이의 손에 이끌려 이곳저곳을 돌아다녔으니 말이다. 생각보다 비용도 저렴하게 들었다. 비행기 티켓이나 호텔뿐만 아니라, 승무원을 위한 크고 작은 혜택이 꽤 많은 것에 적잖이 놀랐다. 심지어는 관광지에서도 승무원카드를 내밀었더니 디스카운트를 해주었다.

처음에는 몸이 약한 딸이 어떻게 이 힘든 일을 감당할까 싶었는데 이렇게 잘 적응하는 것은 물론 오히려 즐기면서 근무하는 것 같아 마음이 흡족하다. 정말 옛말이 틀리지 않나 보다. 딸 키워서 비행기 탄다더니, 딸아이가 승무원으로 근무하는 동안은 자주 비행기를 타고 다니게 생겼다. 내일 있을 계모임이 기대된다. 딸은 도착하자마자 모임에 가는 것은 무리라고 말리지만 안 될 말이다. 질투 반, 부러움 반으로 나를 쳐다볼 친구들에게 맘껏 자랑해야겠다. 승무원 딸을 두니 참 행복하다.

Chapter 6
일상에 관해

강남 벤처 사업가들과의 미팅

한창 꽃다웠던 시절, 강남 벤처사업가들과 미팅자리가 들어왔다. 그때는 모공도 넓지 않았고 머리숱도 많았고 똥배도 이 정도는 아니었으며 밤새 술 마셔도 한잠 자고 나면 쌩쌩해지던 시절이었다. 고로, 세상의 중심은 '나'였던 시절. 강남 벤처사업가들과 미팅이라니, 딱 내 수준이라 생각했다.

강서구 끝에 붙은 회사 덕에 강서구 쪽에 사는 동기들과, 평생 강북에서 살아온 나는 되도록 홍대 쪽에서 만나려고 바쁘신 사장님에게 전화를 했다. 그러나 그 사장님이, 내뱉은 첫 마디는 이거였다.

"네? 홍대? 거기 강북이잖아요. 저희는 강북에서 안 노는데?"

강북·강남 따지는 강남 사장님이 심히 껄끄러웠으나 우여곡절 끝에 만나긴 했다. 소개팅이나 미팅 자리에서 자연스레 화두가 되는 것은 당연히 우리의 직업이다.

"국제선 타세요? 와! 그럼 어느 나라가 제일 좋으세요?"

"유럽도 가보셨어요?"

"현지에서는 민박집에 묵는 거예요?"

나는 이런 순진무구한 질문들을 예상하고 갔지만 그곳에서 받은 질문의 실상은 이랬다.

"승무원들은 가방 좋아하죠? 요즘 면세점에서는 얼마 해요?"

"지금 들고 있는 거 진짜예요? 승무원들도 짝퉁 사요?"

아주 경악스럽지 않을 수 없었다. 냉수 한 잔씩을 시원스레 뿌려주며 뇌를 씻어주고 싶으나, 우리의 직업과 회사와 이름을 알고 있는지라 끝까지 예의를 갖추고 자리를 지켰다. 하지만 집으로 돌아오는 길에 머릿속은 아주 복잡했다.

처음엔 '버러지보다 못한 자식들이 21세기를 선도하는 유망주라고?' 하며 분통을 터트렸지만, 어찌 보니 이런 것도 승무원에 대한 편견이라는 생각이 들었다. 명품 좋아하는 허영심만 가득 찬 족속이라는.

하지만 내가 아는 승무원은 대부분 알뜰살뜰하게 가계부 써가며 적금 들어가며 생활하는 야무진 처자들이다. 세일코너에서 오랫동안 서성이고, 각 나라마다 물건 가격을 비교하면서 저렴하게 구입하는 '똑똑이'들이다. 일부 사치스러운 승무원 때문에 생기는 편견은 정말 억울하고 또 억울하지만, 70% 세일해서 구입한 것이나 방콕의 시장에서 산 가방도 고가의 가방으로 보이는 것은 승무원이 그만큼 품격 있기 때문이라고 믿고 싶다. 그렇게 믿고 살련다.

Chapter 6
일상에 관해

사랑을 실어나르는 로맨틱한 에어라인

한창 꽃다운 나이에 입사해서일까, 아니면 남자들이 가진 유니폼에 대한 환상 때문일까. 그것도 아니라면 비행기 안에는 카펫 먼지와 함께 사랑의 화살도 같이 날아다니는 것일까? 생각보다 많은 손님이 승무원에게 데이트를 신청한다. 사람이 사랑에 빠지는 시간은 3초라고 했던가. 그러니 뉴욕 같은 장시간 비행은 물론, 후쿠오카처럼 50분짜리 비행에서도 얼마든지 데이트 신청을 받을 기회는 다가온다.

오늘은 오랜만에 일반석에서 근무하며 홍콩 비행을 다녀왔다. 모든 손님이 내리고 정리를 하려는데, 막내 후배 승무원이 얼굴이 발그레하니 달아올랐다. 오지랖이 넓은 내가 무슨 일이냐며 꼬치꼬치 물어보자 이내 이실직고를 하는데 내용은 이렇다. 한 남자 손님이 내리면서 맘에 든다며 전화번호를 물어보았다. 여리고 순수한 초보인 그녀가 당황스러워서 말도 못하자, 다짜고짜 자기 전화번호를 쥐어주고 갔단다.

우리는 환호성과 박수를 쳐주며 좋겠다고 놀려주었는데, 다들 웃으며 과거를 회상하는 눈치였다. 사실 승무원이라면 기내에서 이런 정도의 애정 공세를 한 번쯤은 받아봤을 터.

나도 후배 말을 들으면서 아련히 떠오르는 한 손님이 있었다. 풋풋한 아름다움이 있던 시절, 이제는 정확히 기억도 나지 않지만 아마도 세 시간여 걸리는 홍콩 정도의 비행이었다. 한 남자 손님이 유독 많이 부르셨는데, 궁금증이 왕성한 분 같았다. 승무원은 해외에 나가면 어디서 체류하는지, 이 비행이 끝나면 다음 비행은 언제 나가는지, 한 달에 쉬는 날은 얼마나 되는지 등을 물어보셨고 나는 대답할 수 있는 범위 안에서 성심껏 말씀드렸다.

그런데 물어보지도 않은 것들을 자꾸 언급하는 거다. 예를 들면, 자기는 특급 호텔을 경영하는 CEO이고, 2남1녀 중 차남이며, 자동차는 어떤 것을 가지고 있고 하는 것이었다. 삼십대 초반이라고 본인을 소개했는데 도무지 믿기지는 않았지만 믿는 척했다.

무엇보다 특급 호텔을 경영하는 것에 대한 자부심이 대단했는데, 본인을 찾아오면 특급 호텔에 맞는 특급 대우를 해주시겠다며 초청까지 했다. 그러면서 자꾸 전화번호를 물어보니 아주 난감해서 혼났다. 내 난감함이 얼굴이 비쳤는지, 비행기가 착륙해서인지 그 손님은 본인 명함을 건네며 꼭 연락하라고 말했다.

손님이 다 내린 뒤 나는 오늘의 후배같이 선배들에게 환호성과 박수를 받았다. 손님이 남자로서 맘에 들고 안 들고를 떠나서, 어쨌든 기내에서 받은 첫 명함이라 기분이 아주 좋았다. 무엇이든 '처음'이라는 것

Chapter 6
일상에 관해

이 주는 의미가 있지 않은가. 고이고이 간직하리라 생각하며 찬찬히 살펴보니, 색색별로 프린트된 칼라 사진 명함이었다. 명함에는 '특급 호텔 CEO 아무개'라고 명시되어 있고, 그 옆의 사진에는 2층짜리 여관 같은 건물이 있었다. 눈을 크게 뜨고 다시 보니 사진 속 건물 간판에 '특급 호텔'이라 쓰인 게 아닌가! 여관 이름을 '특급 호텔'로 지은 것이다. 이 사실을 안 선배들은 더 큰 환호성을 지르고 박수를 치며 배를 잡고 데굴데굴 굴렀다.

생각만 해도 얼굴에 웃음이 나는 이 사건은 '나의 첫 명함'이라는 제목으로 내 머릿속에 저장되어 평생 잊지 못할 것이다. 오늘 이 유쾌한 사건을 회상할 수 있게 해준 예쁜 후배가 고맙고, 그때 나를 예쁘게 봐주신 '특급 호텔' 사장님 아니 회장님께서 감사드린다. 지금쯤이면 색색이 칼라명함을 받고 좋아한 어여쁜 여성과 함께 단란한 가정을 꾸리며 살아가실 것이라 생각된다. 정말 행복하게 잘 사셨으면 좋겠다.

오늘도 수많은 비행기가 뜬다. 그 안에서 얼마나 많은 사랑이 꽃필지 모르는 일이다. 웃음꽃과 사랑의 꽃이 퐁퐁 샘솟는 비행기라니. 천사들의 합창 라우라가 아니더라도 두 손 모으고 외쳐보자!

"정말~ 낭만적이야!"

어느 운수좋은 날

Chapter 6
일상에 관해

아, 개운해. 아주 잘 잤다. 4일 내내 아침 비행을 했더니. 다크서클이 턱까지 내려왔다. 모임시각이 6시 50분이라면 적어도 20분 전에는 회사에 도착해야 한다. 그러면 5시 30분에는 집에서 나와야 하고, 한 시간 전에는 일어나 화장하고 머리해야 하니, 결국 4시 30분에는 일어나야 한다. 그리고 회사에서 출발하여 인천 공항에 도착해서 비행기 뜨기까지는 두 시간 십 분이 걸리니까 6시 50분에 모인다면 비행기 출발시각은 9시이다. 결국 9시 비행을 위해 4시 30분에 일어나야 하는 것이다. 이렇게 4일을 연달아 했으니 힘들었는지, 어제는 아주 달게 잘 잤다.

오늘은 조금 늦은 나고야 비행이다. 예쁘게 단장하고 회사로 향했다. 회사 주차장은 휴일을 제외하고는 언제나 'FULL'이라고 뜨는데 오늘도 예외는 아니다. 그래도 한번 돌아볼까나 하고 들어가자 바로 앞에 주차된 차가 나오는 거다. 정말 운 좋게도 쉽게 주차를 했다. 그래서인지 오늘은 회사에서 시간이 여유롭다. 지다가다 잠깐 팀장님을 만났는데 화사해 보인다며 칭찬해주신다. 기분이 좋다. 어제 살짝 마사지를 하고 갔더니 효과가 있나 보다.

나고야 비행 팀이 모여 비행에 대한 브리핑을 하고 인천 공항으로 향했다. 승무원 셔틀버스를 타고 가는데, 오늘은 친한 동기와 함께하는 비행이라 그와 수다를 떨었다. 어찌나 재밌던지 인천 공항이 김포 공항처럼 가깝게 느껴졌다.

나고야 비행이 시작되었는데 서비스도 아주 재밌다. 미소가 저절로 나온다. 콧노래를 부르며 서비스를 했다. 이 모습이 좋아보였는지 어떤 손님께서 칭송레터를 써주셨다. 힘이 절로 난다. 통로를 거닐다가 지저분한 휴지가 있어 얼른 치웠다. 저쪽에서 매니저님이 보셨는지 살짝 다가와 열심히 한다며 칭찬해주셨다.

오늘 하루는 어떻게 지나갔는지 모를 정도로 빨리 지나갔다. 재밌고 신나서였을까? 인천 공항에 도착해 모든 승무원과 디브리핑을 하고 "수고하셨습니다!"를 복창한 뒤 핸드폰을 켰다. 문자가 아홉 개나 들어와 있다. 후훗, 이놈의 인기는! 하지만 문자를 보낸 건 스케줄 팀이었다.

'내일, 202 LAX LA로 스케줄 변경. 스케줄 확인하시오.'

아이고, 어쩐지! 오늘 운수가 억세게 좋더니만······.

스튜어디스 비밀노트
:만 미터 하늘 위에서 배운 인생의 기술
ⓒ 정진희 외 2009

1판 1쇄 발행 2009년 10월 15일
1판 22쇄 발행 2019년 3월 20일

지은이 정진희 외
펴낸이 이상훈
편집인 김수영
본부장 정진항
기획편집 오혜영 김단희 허유진
마케팅 조재성 천용호 박신영 조은별 노유리
경영지원 이해돈 정혜진 이송이

펴낸곳 한겨레출판(주) www.hanibook.co.kr
등록 2006년 1월 4일 제313-2006-00003호
주소 서울시 마포구 창전로 70 (신수동) 화수목빌딩 5층
전화 02)6383-1602~1603 팩스 02)6383-1610
대표메일 cine21@hanibook.co.kr

ISBN 978-89-8431-495-5 03810

• 책값은 뒤표지에 있습니다.
• 파본은 구입하신 서점에서 바꾸어드립니다.